성공을 쟁취하는
파워 실전 명상

읽기만 해도
인생의 고수가 되는
명상의 꿀팁

성공을 쟁취하는
파워 실전 명상

자헌 지음

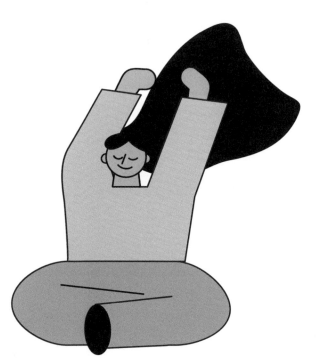

불광출판사

명상이라는 이름의 사기들

전 세계적으로 명상이 기존의 종교를 대체하며 큰 인기를 끌고 있다. 선진국에 진입한 우리나라 역시 비슷한 상황이다.

　　명상에는 인도의 요가나 남방 불교의 위빠사나, 티베트 불교의 수행도 있고, MBSR(마음챙김에 근거한 스트레스 완화)이나 MB-EAT(마인드풀이팅) 또는 MSC(마음챙김 자기연민) 같이 현대적인 것도 있다. 그런데 한번 생각해 보자. 이런 명상들이 과연 현실적으로 얼마나 의미가 있을까?

　　최근 중국무술의 실체가 만천하에 드러나고 있다. 태극권과 영춘권 그리고 철사장과 소림무술까지 전부 이종격투기에 1라운드 패배를 당하고 있다. 견자단의 엽문이나 이연걸의 무당파, 소림사는 현실에 존재하지 않았던 것이다. 중국무술은 단지 무협지 속의 허상이었다.

명상도 그럴 수 있다. 영화 〈트루먼 쇼〉(1998)와 같은 폐쇄된 상황 속의 명상은 모두 사기다. 마치 맹수가 동물원의 우리 안에서는 멋들어지게 포효하지만, 막상 야생으로 돌려보내면 적응하지 못하고 죽어 버리는 것처럼 말이다. 명상은 특정 조건 속에서만 효과를 볼 수 있어서는 안 된다. 그런 명상은 아편과 다를 바 없기 때문이다.

진정한 명상이라면, 투쟁에 투쟁이 계속되는 우리의 삶을 관통하는 것이어야 한다. 우리가 현실에서 승리하는 것을 돕는 힘이 되어야만 한다. 현실에서는 무기력하게 손발만 허우적거리면서, 일단 눈을 감고 나면 내면에서 화려한 비상을 할 수 있다고 말하는 명상은 전부 쓰레기다. 이는 '방구석 여포'나 '키보드 워리어'같은 것일 뿐이다.

'유신론자들의 믿음 속에만 존재하는 신'과 '명상이 말하는 내면의 허상'에 과연 무슨 차이가 있을까? 밖에서 새는 것을 막으니, 이번에는 안에서 새는 정도의 차이만 있는 것 아닐까? 이쪽이나 저쪽이나 문제를 해결하지 못하고 되풀이하기만 하는 것은 같다.

현실을 관통하지 못하고, 지금 당장 여기에서 쓸모없는 것은 진정한 명상이 아니다. 동아시아 전통에는 '일 위에서 작동(事上磨鍊)'하며, '일상에서 변화를 타고 가는(作用是性)' 명상에 대한 구상이 꾸준히 있어 왔다. 그러나 오늘날 이 가치를 주목하는 사람은 많지 않다.

이제 진짜와 가짜, 실학(實學)과 허학(虛學)이 명백하게 드러날 시기가 되었다. 워렌 버핏은 "수영장에 물이 빠지면 누가 발가벗고 수영하는지 알 수 있다."고 했다. 이는 비단 경제에만 통용되는 말이 아니다. 한비자도 "임금이 합주(合奏)를 좋아하면 실력 없는 연주자가 섞여 있을 수 있지만, 독주(獨奏)를 좋아하면 실력 없는 이들은 사라지게 된다."고 했다.

명상의 시대가 본격화되면서 진검승부가 시작되었다. 추수(秋收) 때가 되면 쭉정이와 나락이 나누어지듯, 헛된 명상과 헛된 스승은 사라져야만 한다. 진리를 봤다고 하지만 식견은 한없이 낮은 스승들, 그리고 그들이 말하는 그럴듯하지만 현실에서는 무용지물인 명상법들은 사라질 때가 되었다.

나는 명상이 현실을 관통해서 승리하게 만드는 것이어야 하고, 우주가 나를 중심으로 돌아간다는 절대적 자존감을 주는 것이어야 하며, 스트레스에 무너지지 않는 강력한 힘을 주는 것이어야 한다고 생각한다. 놀랍게도 그러한 명상은 동아시아 전통에 이미 존재해 왔다. 이 책에서 나는 그것에 대해 분명히 이야기하고자 한다. 세월은 언제나 이렇게 하시시시하게 흐르게 마련이다.

진정한 명상의 시대가 도래하기를 희망하며
일우 자현

**명상이
왜 필요할까?**

**현실을
관통하지
못하면
명상이 아니다**

3장

명상으로 다스릴 것들

4장

명상으로 키울 것들

5장

가장 쉽고
안전한 명상법

1장

명상이
왜 필요할까?

1
불확실성의 축소와 신(神)의 몰락

인해전술이 필요했던 환경

예전에는 왜 아이를 많이 낳았을까? 그것은 피임이 어려웠기 때문이기도 하지만, 불확실성이 많은 상황 속에서 자식을 잃을 수 있다는 공포가 작용했기 때문이기도 하다. 실제로 자연을 관찰해 보면 약한 생물일수록 더 많은 새끼를 낳는다. 물고기나 벌레 정도가 되면 인해전술이라고 할 만큼 많은 알을 낳는다.

배가 꺼지지 않던 사람들

예전에는 8~10명의 자녀를 둔 사람들도 많았다. 『흥부전』에 나오는 흥부의 자식 숫자는 어떤 판본에서는 25명에 이르기도 한다. 흥부는 대단한 능력자가 아닐 수 없다.

조선인의 평균 수명은 50세가 채 되지 않았다. 신사임당과 율곡은 각각 47세와 49세에 사망했다. 요즘 기준의 만 나

이를 쓰면, 여기서 각각 1살씩 더 줄게 된다. 그런데 우리는 이들이 요절했다고 하지 않는다. 이들은 당시 기준으로는 살 만큼 살았던, 평타를 친 사람들이기 때문이다.

50년도 못 사는 짧은 삶에서, 아무리 조혼을 한다 해도 8~10명의 자식을 낳는 건 참으로 고된 일이다. 2년에 1명만 출산해도 장장 16~20년간 임신과 산후조리를 반복해야 하기 때문이다. 여기에 연년생으로 아이를 가지기라도 하면 말 그대로 '안 먹어도 배부른' 상황이 연출된다. 대영제국 전성기에 '해가 지지 않는 나라'라는 수식이 있었다면, 조선에는 '배가 꺼지지 않는 삶'이 있었던 것이다.

불확실성의 축소와 흥부의 소멸

1960~70년대만 하더라도 시동생이 형수 젖을 먹고 큰다거나, 며느리가 시어머니의 산후조리를 위해 수발을 드는 경우가 즐비했다. 지금은 상상도 안 될 일이지만, 당시에는 어린 삼촌이 나이 많은 조카에게 쥐어박히는 경우도 더러 있었다.

하지만 우리나라의 출산율은 2022년 현재 0.75에 불과하다. 우리나라의 출산율이 이렇게 낮아진 데는 여러 가지 요인이 있다. 전체 산업 구조에서 많은 노동력을 필요로 하는 농업의 비중이 축소된 것과 결혼 시기가 늦어진 것도 한 요인이지만, 또 다른 요인으로는 의료의 발달을 꼽을 수 있다. 발달된 의료 덕분에 이제는 아이들을 고스란히 다 키워 낼 수 있게 되었기 때문이다. 특별한 사고가 없는 한, 부모가 어린 아이들을 먼저 떠나보낼 확률은 제로에 가깝다. 우리는 과학의 발달에 힘입어 생명에서만큼은 빠르게 불확실성을 극복한 셈이다.

풍어제의 아이러니

불확실성에서 비롯되는 가장 큰 문제는 어떤 일이 일어나는 이유를 모른다는 것이다. 과거의 사람들은 어떤 사람이 감기에 걸렸다가 제대로 치료받지 못해 폐렴으로 죽더라도 그 죽음의 인과 관계를 잘 이해하지 못했다. 그래서 질병을 치료하기 위해 굿을 하거나 제사를 지내는, 오늘날의 관점에서는 '웃픈' 일들이 비일비재했다.

비가 오지 않을 때, 기우제를 지내는 것이 얼마나 효과가 있을까? 아메리카 인디언처럼 비가 올 때까지 기우제를 지내는 것이 아니라면 이건 의미 없는 일이다. 만약 정말로 기우제 덕분에 비가 온다면, 이것이야말로 과학보다도 더 위대한 초과학적 원리가 아닐까.

용왕에게 올리는 풍어제도 마찬가지다. 물고기의 군주인 용왕이 인간에게서 뇌물 한 상을 받고 자신의 백성인 물고기를 인간의 그물로 몰아넣는다는 것은 누가 봐도 비상식적이

다. 즉, 여기에는 '풍어제의 아이러니'가 존재한다. 그런데 이런 지극히 인간 중심적 판단이 수천 년 동안 이어지고 있으니 그저 놀랍기만 하다.

문제를 정리하는 합리적 납득

불확실성을 종식시키는 한 방법은 어떤 사건이나 상황을 인과론적으로 이해하는 것이다. 이런 작업에 첨병 역할을 하는 것이 바로 과학이다. 인간은 합리적인 동물이기 때문에 어떤 사건이나 상황을 납득하기만 해도 그것에 대해 더 잘 대처할 수 있다.

납득을 통한 감정 정리는 이성적인 판단과 관련된다. 한 아이가 부모에게 장난감을 사 달라고 조르는 상황을 가정해 보자. 이때 부모가 "다음에 사줄게."라고 대충 둘러대면 아이는 산발적으로 떼를 쓰며 졸라 댄다. 그러나 차분히 아이의 두 눈을 보며 왜 지금 사 줄 수 없는지, 언제 사 줄 수 있는지 반복해서 설명해 주면, 부모가 제시한 시기까지 아이는 더 이상 조르지 않는다. 아이가 납득을 통해 장난감을 얻게 되는 것은 아니지만, 그것을 통해 상황을 보다 쉽게 받아들이게 되기 때문이다. 이런 효과는 반려동물의 훈련에서도 확인된다.

오늘날에 이르러 불확실성의 영역은 이성주의·합리주의로 인해 크게 축소되었다. 이 때문에 불확실성이라는 영역의

히어로였던 신(神) 역시 사멸의 길을 걷고 있다.

불확실성 시대의 강자였던 신

과거에 인간은 자신들이 납득할 수 없는 영역, 즉 불확실성이 지배하는 영역에서 강자의 보호를 갈구했다. 비가 올 때 우산을 쓰듯, 강력한 누군가의 힘을 빌린다면 불확실성의 문제가 초래되지 않거나 발생하더라도 극복할 수 있다고 생각했던 것이다. 이런 시기에 유행한 것이 바로 신을 믿는 종교, 즉 유신(有神) 종교다.

유신 종교는 한결같이 자신들이 믿는 신이야말로 창조주인 동시에 전 우주를 들었다 놨다 하는 지고하고 유일무이한 존재라고 역설한다. 이는 신의 보호와 총애만 받으면 마치 국왕에게 선택받은 왕조 국가의 신하처럼 큰 권한을 가질 수 있음을 의미한다.

그러나 여기에서도 합리적인 사람들은 '풍어제의 아이러니'를 생각해 볼 수 있다. 완전한 최고의 신이 왜 하잘것없는 인간을 보호하고 케어해 준단 말인가? 반려동물을 키우는 사람이 그 동물의 집사를 자처하는 것처럼, 창조주인 신이 피조물인 인간의 집사라는 말인가? 이 또한 '풍어제의 아이러니'처럼, 지극히 인간 중심적인 판단에 불과한 것은 아닐까?

숨어만 있는 신, 그 깊은 피로감

신은 왜 그림자처럼 숨어만 있고, 수천 년이 지나도 나타나지 않는가? 오늘날은 전 세계인이 카메라가 달린 스마트폰을 들고 다니는 시대다. 곳곳에 설치된 CCTV나 차량용 블랙박스는 하루에도 수십 번, 많게는 수백 번씩 우리를 찍고 있다. 지구 주위에는 수만 개 이상의 인공위성이 떠 있으면서 지구를 이 잡듯 찍고 있다.

　　그런데 이렇게 전 지구가 전방위로 찍히고 있음에도 불구하고 신은 촬영되지 않는다. 이는 신이 드러나지 못할 정도로 하찮거나, 실제로 존재하지 않을 수 있다는 것을 의미한다. 진실하고 당당하다면, 도둑처럼 오갈 필요가 없기 때문이다. 물론 신이 카메라에 찍히는 영역 너머에 있다고 주장할 수도 있다. 그러나 유신 종교를 통해서 그 존재가 이미 알려진 신이라면, 가끔은 찍혀서 자신의 위대성을 알리고 자신에 대한 불신을 끝장내는 편이 좋지 않을까? 이렇게 되면 신을 믿는 이들의 숫자도 비약적으로 증가하고, 신의 권위 역시 확고해지지 않을까?

유령으로 전락한 신

신을 위축시킨 가장 큰 변화는 과학의 발달로 인해 모든 문제를 인과의 관점에서 이해하게 되었다는 점이다. 이로 인해 유신 종교는 급속한 몰락의 길을 걷고 있다.

　최근의 갤럽 조사에 따르면 우리나라 20대의 78%, 30대의 70%가 종교가 없다고 답했다. 이 조사 결과는 우리나라에서 조만간 종교가 몰락할 것임을 예견하게 한다. 마치 저출산에 따른 학령 인구의 감소로 학교와 대학이 무너지는 것처럼 말이다.

　실제로 각 종교를 보면, 신자들 가운데 젊은이의 비율이 급격히 줄고 있다. 종묘나 탑골공원이 그러한 것처럼, 종교시설 역시 언젠가부터 노인들만 넘쳐나게 되었다. 현재 우리나라는 65세 이상인 인구가 총 인구의 14%를 차지하는 고령 사회다. 2025년이 되면 65세 이상 인구의 비율이 20%를 넘는 초고령 사회가 될 전망이다. 그러나 종교는 수십 년 전부터 이미 초고령 사회였다. 종교에는 젊은이를 끌어당길 매력도, 이들을 흔들 마력도 없다. 이제 신은 포르말린에 담긴 표본처럼 죽어 있는 유령일 뿐이다.

종교에는 젊은이를
끌어당길 매력도,
이들을 흔들 마력도 없다.
이제 신은 포르말린에
담긴 표본처럼 죽어 있는
유령일 뿐이다.

2
종교를 대체하는 명상주의

신을 믿는 종교의 허구성

종교에는 유신 종교와 진리 종교가 있다. 유신 종교는 신이 중심이 되는 종교다. 진리 종교는 진리가 중심이 되고 신은 부가 서비스에 불과한 종교다.

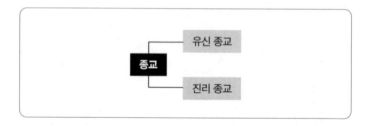

유신 종교에서 신은 A에서 Z까지 모든 것을 주관한다. 신은 창조주이자 파괴자인 동시에 유지자며 심판자다. 신은 유일하고 가장 강력한 존재, 전지전능한 존재다.

왜 완전한 신이 정신 사납게 우주를 만들고, 이 세계의 운행을 주관하며, 인간의 심판에까지 관여하는지는 알 수 없다.

신이 왜 이런 행위를 하는지에 대한 납득 가능한 설명은 존재하지 않는다. 단지 묻지도 따지지도 말고 믿어야 한다. 이 신에 대해 의구심을 드러내는 것은 신성 모독이 되고, 신성 모독을 범한 이는 영원한 지옥 불에 의해 처단된다. 이렇게 신에 대한 믿음은 합리적 설명이 아니라 어쭙잖은 협박으로 유지되어 왔다.

이것은 재료나 제작자나 제작 방식에 대해서 전혀 알려진 바가 없는 '만병통치약'을 묻지도 따지지도 않고 먹어야 하는 것과 같다. 또한 이것은 보험을 들려고 하는 당신이 보험사의 지급 여력이나 보험 상품에 대한 자세한 설명 대신 "무조건 잘해 줄 테니 일단 믿고 들어 보세요."라는 말만 반복해서 듣게 되는 것과 같다. 이것이 유신 종교에서 수천 년 동안 반복해서 일어나고 있는 일이다.

신의 마지막 보루

지구 온난화로 극지방의 얼음이 녹듯, 오늘날의 유신 종교 역시 과학의 발달과 합리주의로 인해 점차 설 자리를 잃어 가고 있다.

그러나 과학이 아무리 발전한다 해도 과학의 대상이 되기 어려운 것이 있게 마련이다. 그러한 과학의 사각지대에 있는 것 가운데 하나가 죽음이다. 유기체인 이상, 인간이 죽음에 대한 공포를 극복하는 것은 불가능에 가깝다. 과학에 의해 노화가 정복된 시대가 온다고 하더라도, 사고 등 또 다른 원인에서 비롯된 죽음은 여전히 있을 것이다.

실제로 모든 종교의 이상은 불사(不死)로 통한다. 기독교나 이슬람의 천국이 불사이며, 힌두교의 신들 역시 불사의 존재다.

불교는 유신 종교와는 관점이 다르다. 불교의 해탈은 유신 종교에서 말하는 단순한 구조의 불사와는 다르다. 하지만 이 역시 '불사의 추구'와 닿아 있는 것만은 분명하다. 이는 붓다의 최고 위대성 중에 '수행(壽行, āyuḥ-saṃskāra)', 즉 수명에 대한 자유자재함이라는 측면이 존재하는 것을 통해 알 수 있다. 실제로 붓다가 출가해서 수행하는 목적은 생(生)·노(老)·병(病)·사(死) 가운데 사(死)에 반대되는 불사(不死)의 추구였다. 이는 붓다가 부다가야에서 깨침을 얻은 후 천명한 "감로(甘露)의 문은 열렸으니, 귀 있는 자는 들어라."라는 말에서도 분명히 드러난다. 여기서 '감로(甘露, amṛta)'는 불사(不死)를 의미하기 때문이다.

불사를 통해 소멸의 공포를 극복하고자 했던 염원은 종교의 목적일 뿐만 아니라, 발생 동기이기도 하다. 종교에서 불사는 단지 어떤 종교가 제시하는 이상향과만 관련되는 요소가 아니라, 그 종교의 기층 전반에 존재하는 요소다. 기독교나 이슬람교에서는 천국에 사는 존재뿐만 아니라 지옥에 사는 존재 또한 불사로 본다. 인도 문화의 윤회론 역시 불사를 기반으로 한다.

오늘날 대부분의 유신 종교는 죽음 뒤에 있는 천국, 즉 영생(永生)에 의지하고 있다. 현실에서 검증도 납득도 어려운 사후 세계에 기생하고 있는 것이다. 이끼가 그늘에서 사는 것처럼, 신들은 죽음 뒤에서 성대한 잔치를 벌이고 있는 모양새다.

그러나 사후 세계에 대한 규명이 쉽지 않다는 점에서, 유신 종교의 마지막 보루는 쉽게 무너지지 않는다. 사후 세계라는 영역은 과학의 합리성으로도 완전히 분석하기 어렵다. 이 점이야말로 아무리 과학이 발달해도 유신 종교가 완전히 사라지지 않고 존속할 수 있는 이유라고 하겠다.

유신 종교의 황혼

인간은 행복을 추구하는 동물이다. 이 행복에는 영생과 사후 세계도 포함된다. 유신 종교는 바로 이 부분을 볼모로 잡고 있다.

과거의 사람들은 쉽게 죽었으며, 죽음을 초래하는 인과 관계를 납득할 수 없었다. 그래서 신에 의해 완벽하게 관리되는 사후 세계는 그들에게 매력적인 개념이 될 수 있었다.

하지만 과학이 발달하면서 합리적 사고가 일반화되었다. 이제 사람들은 과거와 같이 사후 세계에 의존하지 않는다. 그 존재가 합리적으로 입증될 수 없는 사후 세계는 더 이상 사람들의 큰 관심사가 아니다. 게다가 오늘날 우리는 이미 충분히 오래 살고 있다.

진리 종교와 명상

유신 종교와 달리 진리 종교는 현세에서 자신을 조절해 행복을 얻을 수 있으며, 이런 능력을 통해 사후에도 행복을 유지할 수 있다고 가르친다. 마치 우리나라에서 운전면허를 취득하면, 다른 나라에서도 적절한 절차를 거쳐 차를 운전할 수 있는 것처럼 말이다.

이제 사람들은 유신 종교 대신 진리 종교로 눈을 돌리고 있다. 불확실한 신과 사후 세계에 대한 투자를 줄이고, 확실한 현실의 나와 지금의 행복에 대한 투자를 늘리고 있다. 이런 변화의 핵심에 존재하는 것이 바로 명상이다.

서울을 기준으로 명상 센터의 수는 이미 교회 수를 앞질렀다. 명상이 주로 젊은이들에게 어필하고 있다는 사실은 젊은 층을 중심으로 사람들의 관심사가 신에서 명상으로 이동하고 있음을 보여 준다. 현대인들은 화석화된 꼰대 같은 신은 거부하지만, 자기를 찾는 일에는 열심이다.

유신 종교를 대표하는 것이 기독교와 이슬람교라고 한다면, 진리 종교에 해당하는 것은 불교·유교·도교와 같은 동양 종교다. 다만 유교인 신유학에서 발달한 수양론은 오늘날에는 찾아보기 어렵다. 그러나 불교의 참선이나 신도교의 단전 호흡은 여전히 존재한다.

진리 종교는 진리를 중심으로 스스로 각성할 것을 가르친다. 그러나 진리가 중심이라고 해서 이들 종교에 신이 없는 것은 아니다. 불교에는 '화엄성중(華嚴聖衆)'이라는 39신을 필두로 하는 다양한 신이 존재하며, 도교에는 원시천존이나 송나라 때 확립된 옥황상제 등 다양한 신선 혹은 신과 같은 존재들이 있다. 유교에서는 각 집안의 조상신, 종묘에서 모시는 왕실의 조상신, 사직에서 모시는 토지신과 곡식신이 섬김의 대상이 된다.

하지만 진리 종교의 중심은 신이 아니라 자신의 행복과 자유에 있다. 그러므로 진리 종교의 신은 유신 종교의 절대적인 신과 달리 제한된 역할을 할 뿐이다. 유신 종교는 신에게 선택을 받아 그 신의 영역 안에서 행복을 향유할 것을 가르친다. 이 때문에 유신 종교에서는 신에 대한 헌신과 순종이 강조된다. 이에 반해 진리 종교는 진리와 나의 관계를 중시한다. 진리를 통해 스스로 각성하고, 자신의 내면을 조절하여 스스로 행복을 성취하는 구조인 것이다. 진리와 나의 이런 연결 관계 속에 존재하는 것이 바로 수행, 즉 명상이다.

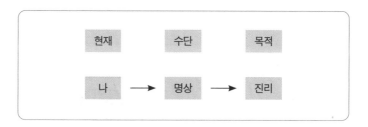

현재	수단	목적
나 →	명상 →	진리

3
자신을 드러내는 사람들

음식 사진 찍기

인스타그램에는 하루에도 수십만 장의 음식 사진이 올라온다. 예전에는 어른들이 숟가락을 들어야 비로소 음식을 먹을 수 있었다. 그러나 요즘은 자녀가 음식 사진을 찍어야 먹을 수 있다. 아이들이 사진을 찍기 전에 할머니나 부모가 음식을 먹으면 아이의 짜증 섞인 소리를 듣기 십상이다.

따지고 보면, "자신이 만든 음식도 아닌데 이걸 굳이 찍어 올려야 할 필요가 있을까?"하는 생각이 든다. 음식 값만 지불하면, 이런 사진은 누구나 얼마든지 찍을 수 있을 것 아닌가? 그런데 왜 굳이 음식 사진을 찍어서 올리는 걸까?

여기에는 나를 드러내고 주목받으려는 심리가 존재한다. 우리는 모두 정도의 차이는 있을지 몰라도 관종인 것이다.

집을 중심으로 하는 집단주의

동아시아는 전통적으로 개인보다는 집단을 중시한다. 이는 서구와 달리 성씨를 먼저 쓰고 이름을 쓰는 것이나, '강원도 평창군 진부면 동산리 월정사'처럼 큰 범위부터 점차 하위로 내려가는 구조를 통해서 알 수 있다.

또 우리나라에서 가장 많이 쓰는 말 중 하나에 '우리'가 있다. 나라도 '우리나라'고, '우리 집'에 '우리 학교', 심지어는 은행도 '우리은행'이다.

'우리'의 가장 작은 단위는 식구(食口)로 상징되는 집이다. 집이라는 개념은 농경 사회에서 실로 엄청난 상징성을 부여받는다. 때문에 나라도 '국가(國家)'가 되고, 우주(宇宙) 역시 '집 우(宇)'와 '집 주(宙)'로 표기된다.『대학(大學)』에 나오는 "성의(誠意)·정심(正心)·수신(修身)·제가(齊家)·치국(治國)·평천하(平天下)"처럼, 나에서 집으로, 집에서 국가로, 국가에서 우주로 확대되는 인식의 중심에 집이 존재한다.

흥미로운 것은 '집'의 인식이 주변 사람들을 부르는 호칭에서도 나타난다는 점이다. 꼭 가족이나 친척이 아니더라도 나이가 많고 적으면 '형'이나 '동생'으로 부르곤 한다. 또 이웃은 '이웃사촌'이 되고, 길을 가는 사람은 원래는 삼촌 관계를 나타내는 호칭인 '아저씨'·'아주머니'가 된다. 식당이나 헤어샵 등에서 직원을 부를 때는 '이모'라고 하기도 한다. 집 중심의 가족주의는 이처럼 오늘날까지 존재한다.

집단주의를 넘어서는 강력한 개인의 등장

집단주의로 인해 우리는 튀는 것을 꺼렸다. 1980~90년대 우리나라에 온 외국인들은 '옷이 전부 무난한 무채색'이라는 말로 한국인의 특징을 평가했다. 당시만 하더라도 곤색이나 회색과 같은 무난한 색깔의 옷이 전국에 범람했다.

학교 교실에서도 먼저 오는 학생은 구석을 선호했다. 중앙이나 맨 앞자리는 특별한 경우가 아니고서는 늦게 오는 학생이 앉거나, 또는 끝까지 비워지는 경우가 많았다. 튀는 것을 싫어하고, 주변인으로 묵묵히 묻어가는 것이 미덕인 시대였다.

그런데 90년대를 지나면서 자기 PR이 강조되기 시작했다. 97년 IMF 외환 위기를 겪으면서 이 흐름은 더욱 급격하게 나타났다. 외환 위기 이전에는 우리도 우리 방식으로 충분히 잘 해내 선진국으로 도약할 수 있다는 자신감이 있었다. 그러나 우리는 외환 위기로 인해 이런 자존심에 큰 상처를 입었다. 서구에 무너졌다는 굴욕감을 안고, 우리는 기업 시스템과 사회 시스템을 서구식으로 크게 바꾸어야 했다.

이후 이명박 대통령은 영어로 일반 과목을 지도하는 영어몰입교육을 도입하겠다는 말을 하기도 했다. 실제로 당시

우리는 모두
정도의 차이는
있을지 몰라도
관종인 것이다.

대학 교수를 채용할 때는 영어 원어 수업이 필수였다. 그런데 웃기는 건, 한국어나 한국사 교수를 채용할 때도 이런 기준이 적용되었다는 점이다. 즉, 한국어 교수가 한국어 수업을 영어로 진행하는 웃지 못할 상황이 존재했던 것이다.

또한 외환 위기는 계약직과 연봉제를 확대하면서 평생 직장 개념을 약화시켰다. 이로써 개인의 스펙이 강조되는 시대가 열렸다. 그리고 이제는 개인 SNS에서 홍수같이 정보가 쏟아지는 시대가 되었다.

하지만 이것은 한국인의 전통적 사고방식이 송두리째 바뀌었기 때문에 일어난 일이 아니다. 한국인의 집단주의 이면에는 스스로를 드러내고 싶은 욕구도 본래 존재했기 때문이다. 『효경(孝經)』에는 효의 완성을 '입신양명(立身揚名)', 즉 이름을 떨치는 것으로 본다. 각 집안마다 갖고 있는 족보는 이름을 남기고 싶은 절박함의 소산일 수 있다. 또한 우리 속담 중에도 "호랑이는 죽어서 가죽을 남기고, 사람은 죽어서 이름을 남긴다."는 말이 있다. 우리의 집단주의 이면에는 개인으로서 드러나고 싶은 욕구 역시 지하수처럼 뿌리 깊게 흐르고 있었던 것이다.

이 지하수가 IMF를 만나 표면으로 올라오게 되었다. 그리고 이것이 25년이 경과한 오늘날에는 젊은이들의 개성과 당당한 자기표현으로 발현되고 있다. 개인 SNS를 통해 자신

을 강조하는 오늘날의 세태는 잠복되었던 전통적 욕구와 현대적 충격이 상호 작용한 결과다.

독신의 시대와 명상의 가치

우리나라의 1인 가구 비율은 이미 30%를 넘어섰다. 여기에 결혼을 하지 않겠다는 비혼주의가 20~30대를 중심으로 지속적으로 증가하고 있다. 이제 시대는 4인 가구가 아닌 1인 가구에 초점을 맞추게 되었다.

식당에 비치된 1인 좌석은 "혼자서 밥을 먹으면 맛이 없다."는 통념이 바뀌었음을 보여 준다. 이제 '혼밥'과 '혼술'은 특이한 일이 아니라 일상적인 일이 되었다. 한 명이 먹을 수 있는 크기로 잘려서 팔리는 수박 또한 가족의 시대에서 개인의 시대로 변화해 가는 흐름을 보여 준다. 굳이 출가를 하지 않더라도 독신으로 지내는 시대가 펼쳐지고 있다.

아리스토텔레스의 『니코마코스 윤리학』에 나오는 서술을 빌리지 않더라도, 인간이 행복을 추구한다는 것은 분명하다. 과거에는 결혼이 인간의 행복을 실현시키는 중요한 요소 가운데 하나였다. 결혼을 '인륜지대사(人倫之大事)'라고 하는 것도 그래서 나온 말이다. 그러나 현대의 행복에서 결혼은 필수 조건이 아니다. 결혼 여부보다 더 중요한 것이 '나의 행복'이기 때문이다. 결혼이 주는 행복보다 감수해야 하는 희생이 크다면 인간은 자신의 행복을 위해 비혼을 선택한다. 독신의 시대와 자기 추구의 욕구는 정확하게 맞닿아 있다.

이런 독신의 시대에는 명상이 부각될 수 밖에 없다. 이 시대는 집단에 구속되지 않는 개인 중심의 시대, 모든 개인이 자신을 드러냄으로써 행복을 추구하는 시대다. 명상은 이런 시대가 지향하는 가치를 완성시켜 주는 것을 도울 수 있다. 명상은 자신이 주인공이 될 수 있게 하는 동시에, 행복을 향유할 수 있게 한다. 이렇게 말하면 명상이 마치 아편과 비슷한 것처럼 받아들여질 수도 있다. 하지만 명상은 아편과 달리 내 스스로 통제할 수 있는 방법이며, 부작용 없는 안전한 방법이다.

4
갑자기 오래 살게 된 세상

죽을 수도 없는 시대

불사약을 구한 것으로 유명한 진시황은 49세에 죽었다. 그러나 진시황이 일찍 죽었다는 말은 없다. 왜냐하면 당시의 평균에서 볼 때 49세는 요절한 것이 아니기 때문이다.

앞서 언급한 조선 전기의 신사임당과 율곡이 각각 47세와 49세에 사망했다는 점을 고려한다면, 기원전 진시황은 오히려 장수(?)했다고 볼 수도 있지 않을까? 그렇다면 불사약이 진짜 효과를 발휘했던 것일까?

과거에 환갑(還甲)은 장수를 의미했다. 그래서 환갑 잔치는 동네 잔치로 거하게 치러졌다. 하지만 오늘날과 같은 고령화 시대에 환갑은 가족이 모여 식사하고 해외 여행이나 가는 정도의 의미 외에는 이렇다 할 것이 없다. 가짜 과자가 높게 쌓여 있는 잔칫상 앞에서 온 가족이 색동옷을 입고 단체 사진을 찍곤 하던 과거 환갑 잔치의 모습은 오늘날의 관점에서 볼 때 다소 우스꽝스럽기도 하다.

2020년 우리나라의 기대수명은 남성 80세, 여성 86세다. 여기에 2030년이 되면 남자 84세, 여자 90세로 일본을 제치고 세계 최고로 등극할 전망이다. 초고령 사회가 목전에 있는 시점에서 이제 환갑은 장수와는 먼 나이가 되었다. 실제로 누군가가 환갑 즈음에 죽으면, "무슨 일 있었대?"를 먼저 물어보는 시절이 아닌가.

환갑이 청년인 세상

『나의 문화유산 답사기』로 유명한 유홍준 선생이 교수 정년을 앞두고 '5도2촌', 즉 5일은 도시[都]에서 살고 2일은 시골[村]에서 사는 생활을 하기 위해 시골집을 알아봤다고 한다. 어떤 한 마을을 염두에 두었던 유홍준은 그 마을에 쉽게 정착하기 위해 이장을 찾아가 적당한 마을 모임에 가입했으면 한다고 했다. 이때 이장은 환갑이 넘은 유홍준에게 나이를 묻더니, 그 정도 나이면 청년회에 가입하라고 했다 한다. 요즘 시골에서 환갑이라는 나이는 젊은 나이다. 시골 사찰에서도 환갑이면 설거지 같은 허드렛일을 맡아야 할 정도의 나이다. 같은 시골이라도 더 외진 곳일수록 노인 비율은 더욱 더 높아진다.

도시에서도 환갑의 나이로는 경로당에 못 가는데, 그 이유가 '형들 잔소리' 때문이라는 우스갯소리도 있다. 당나라 시

초고령 사회가
목전에 있는
시점에서 이제
환갑은 장수와는
먼 나이가 되었다.

인 두보는 「곡강시(曲江詩)」에서 "인생칠십고래희(人生七十古
來稀)"라고 했다. 70세를 사는 것은 '고희(古稀)', 즉 예로부터
드물다는 말이다. 여기서부터 '고희'가 70세를 나타내는 말이
되었다. 그런데 이제는 70세에 죽어도 요절했다고 말하는 세
상이다. 장수를 바라던 시대에서, 이제는 장수가 기본인 시대
가 되었다.

길어진 노년, 어떻게 행복할 것인가

우리의 평균 수명이 비약적으로 증가한 이유로는 의료의 발
달, 주거 환경 개선, 소득 증대에 따른 충분한 영양 섭취 등을
들 수 있다. 상하수도가 완전히 분리되고, 먹는 물에 오염이
사라진 것도 중요한 요인이다.

과거 장수는 『서경(書經)』「홍범(洪範)」편에 나오는 5복(五
福 : 壽·富·康寧·攸好德·考終命) 중에서도 단연 첫손가락에 꼽혔
다. 장수는 장수이되, 젊은 시기가 긴 장수라면 누구나 반기는
일일 것이다. 실제로 도교의 신선 이야기 중에는 불사(不死) 외
에도 반로환동(返老還童), 즉 늙음을 되돌려 젊어지는 것에 대
한 내용도 있다. 하지만 불로(不老)가 확립되지 못한 불사(不死)
는 축복을 가장한 저주일 뿐이다.

희랍 신화에는 새벽의 여신 에오스의 노력으로 불사를
얻게 된 꽃미남 남편 티토노스에 대한 이야기가 있다. 에오스

는 죽지 않게 된 남편이 좋았지만, 티토노스는 불사만 가졌고 불로는 갖지 못했다. 이로 인해 티토노스는 불사의 상태에서 계속 늙어가게 된다. 이것이 보기 싫었던 에오스는 결국 남편을 가둬 버렸고, 티토노스는 슬피 울며 절규하다가 매미로 변했다고 한다. 노년만 길어진 '유병장수(有病長壽)'의 시대에 추함에서 고독으로, 고독에서 절규라는 구조로 이어지는 티토노스의 이야기는 웃을 일이 아니다. 우리는 지금까지 겪어 보지 못한 초고령 사회라는 비극을 맞이하고 있기 때문이다.

갑자기 닥친 100세 시대에서 두드러지는 문제는 노인 빈곤이다. 생각지도 않게 수명이 빠르게 증가한 결과, 경제적으로 충분한 준비를 해 두지 못한 상태에서 노후를 맞이하는 이들이 늘어 가고 있다. 하지만 앞으로는 국가가 주도하는 복지시설 확충이나 연금 지급 등을 통해 노인 빈곤의 심각성이 완화될 여지가 있다.

어쩌면 노인 빈곤보다 더 심각한 문제는 행복과 보람의 상실일 수 있다. 100세 시대에는 환갑 이후의 노년으로서 살아가야 하는 시기가 전체 인생의 절반 가까이를 차지하게 된다. 이 기나긴 시간 동안 사람들은 무엇에서 행복과 보람을 얻을 것인가? 노인 빈곤과 달리, 이 문제는 국가가 주도적으로 나서서 해결을 모색하기도 어렵다. 100세 시대의 최대 과제는 노년의 행복을 어떻게 실현시킬 것인가다.

대학 교수는 만 65세에 정년 퇴직을 한다. 자영업 같은 경우는 정년이 없지만, 정년이 있는 일 중에는 교수만큼 오래 할 수 있는 일도 없을 것이다. 하긴 교수는 교수로 임용되어 일을 시작하는 시기가 대개 40대라는 늦은 나이인 만큼, 일을 그만두는 시기가 조금 더 늦다고 해도 별로 문제될 것이 없다.

연세대에서 정년퇴직하신 분이 하루는 자신이 이렇게 오래 살지 몰랐다고 토로하는 것을 들은 적 있다. 우리나라 교수들은 정년 이후에는 대개 학회 같은 곳에서 덕담이나 하면서 살곤 한다. 일본의 교수들이 정년이 지나서도 연구를 하고 논문을 쓰는 것과는 사뭇 다르다.

문제는 오래 살게 되면서, 덕담을 15년째 하고 있다는 것이었다. 그러면서 하는 말이 "내가 이렇게 오래 살 줄 알았으면, 정년 이후에 새로운 일을 찾았을 것입니다."였다. 무척 가슴 아픈 이야기가 아닐 수 없다.

예전 교수들은 정년 이후 10년 정도 덕담으로 소일하면서 어른 대접 받다가 돌아가시는 게 수순이었다. 그런데 오늘날에는 그저 집에 있자니 너무나도 쌩쌩(?)하고, 그렇다고 해서 죽을 수도 없는 상황이 벌어지고 있다. 이를테면 덕담 30년도 능히 가능한 시대가 되었다. 과거에는 너무 일찍 죽는 것이 문제였지만, 이제는 너무 오래 사는 바람에 감당하기 힘들 만

큼 노년이 길어진 것이 문제다.

교수와 달리 일반적인 직장인은 50세(한국인의 평균 퇴직 연령은 49세) 즈음에 정년을 맞는다. 이런 경우 이후 40년 동안, 더 끔찍하게는 이후 50년 동안 무엇을 해야 할지 심도 있게 고민해야만 한다. 그렇지 않으면 집과 가족이 멀쩡히 있어도 독거노인처럼 서글프게 살 수밖에 없다. 바로 이 지점에서 필요한 것이 내적인 자기 조절과 행복 추구, 즉 명상이다.

5
길어진 노년을 위한 행복의 준비

어르신에서 보호의 대상이 된 노인

두 세대 전만 하더라도 노인은 자식에게 의탁해 소일하며 지내다가 세상을 떠나는 것이 일반적이었다. 농업을 기반으로 하는 대가족 사회에서 경험 많은 노인은 그 자체로 지혜와 권위의 상징이었기 때문이다. 그러나 농촌 기반 사회가 도시 기반 사회로 변하면서, 대가족제가 파괴되었고 노인의 권위는 실추되었다. 송강 정철이 말했던 "이고 진 저 늙은이, 짐 벗어 나를 주오. 나는 젊었거늘 돌인들 무거우랴. 늙기도 설워라커늘 짐을 조차 지실까."와 같은 노인에 대한 공경은 이제 옛말이 되었다. 오히려 요즘 젊은이들은 노인을 쓸모없는 벌레에 빗대 노인충·세금충·틀딱충이라며 비하하기까지 한다.

여기서 주목해야 할 점은 송강 정철 당시의 노인은 40~50대였지만, 오늘날 노인은 70대 이상이라는 사실이다. 과거의 노인이 충분한 판단력이 있는 어른이었다면, 현대의 노인은 한 집안의 리더라기보다는 사회가 챙겨 주고 보호해 줘야 할 대상이다. 같은 '노인'이라는 표현으로 불리기는 하지만, 그 '노인'이 실제로 가리키는 대상은 전혀 다른 것이다.

가족에 대한 희망을 버려라

과거에 연세 드신 어른을 가족이 직접 모셨다면, 오늘날에는 요양원과 같은 시스템을 통해 모시는 것이 일반적이다. 이런 방식에 문제가 없는 것은 아니지만, 이와 같은 방향으로 가야 한다는 점에는 대부분 동의한다.

요즘 같은 시대에 자식이 부모님을 모시고 살면 자식도 자식이지만 부모님 입장에서도 여간 신경이 쓰이는 게 아니다. 이렇다 보니 서로 따로 살면서 가끔 뵙거나 전화하는 정도가 일반적이다. 이런 세태를 꼬집어 "반려동물은 최후까지 책임지지만, 부모님은 요양원으로 보낸다."고 하기도 한다. 하지만 계속 같이 사는 반려동물과 떨어져 사는 부모님을 함께 비교하는 것이 맞춤한 것 같지는 않다.

이제 우리는 모두 어느 정도 나이가 들면 홀로 있게 된다. 이것은 가족이 있다고 해서 달라지지 않는다. 장성한 자녀는 한집에 살지 않고, 노년의 부부는 별 대화도 없이 각기 제 팔을 흔드는 정도다. 즉, '가족 속의 독거노인화'가 존재하는 것이다.

가족 속에 존재하는 독거노인들

현대에 들어 황혼 이혼이 크게 늘어났다. 이렇게 된 가장 핵심적인 이유는 아이러니하게도 한 사람과 너무 오래 살기 때문이다. 한 사람과 40~50년을 살다 보니 서로 궁금한 것도 없고 더 이상 할 말도 없다. 노부부만 사는 집에서는 상호 의사소통 정도의 대화만 이루어진다. 외국 여행을 갔을 때 짧은 외국어로 물건을 사거나 주문하는 정도의 대화만 존재하는 것이다. 이런 '가족 속의 독거노인화'는 인간 소외와 우울증으로 연결되기 쉽다.

만일 자녀에 대한 미련이 남아 있다면 또 다른 허탈감만 경험하게 된다. 나이를 먹으면서 철이 조금 더 들기는 하지만, 청소년만 되어도 자녀들은 엄마가 보낸 장문의 카톡 문자에 단답형으로 답하기 일쑤다. 오늘날의 자녀들에게 부모를 살뜰히 챙기며 살라고 요구하기는 어렵다. 이런 상황에서 우리의 노년이 과연 행복할 수 있을까?

가족보다 친구가 나은 것일까

자식의 일은 부모에게 가장 늦게 알려진다는 말이 있다. 실제로 어떤 사람에 대한 정보를 가장 빨리 입수하는 것은 그 사람의 친구인 경우가 많다. 가족에게 못하는 말을 친구에게 하는 경우가 더러 있기 때문이다. 친구가 중요하다는 것은 누구나

진정 자신의 것이라면
죽음을 넘어서도
함께할 수 있는
것이어야 한다.

인정하는 바다. 평생에 친구 세 명만 있어도 일생을 잘 산 것이라는 말도 그래서 나왔다.

그러나 친구도 혈기 왕성하고 경제력이 있을 때 만나는 것이 즐겁다. 70세가 넘으면 친구를 만나도 서로의 어려움을 하소연하거나 자식이나 손주 자랑하는 것이 대부분이다. 친구 모임 가운데 한 명의 부고가 날아오면 친구 모임은 상조 모임이 되기도 한다. 이렇다 보니 몸이 불편한 것을 핑계로 친구 관계도 점차 소원해지기 마련이다. 80대 중반이 넘으면 아무리 발 넓게 살았던 사람이라도 독거노인 모드에 돌입할 수밖에 없다.

내면의 것이 아니라면, 언젠가는 헤어진다

붓다는 최후에 가지고 갈 수 있는 것에 투자하라고 가르쳤다. 진정한 '가치 투자'라고나 할까? 아무리 친한 친구나 가족이라도 죽음 앞에서는 무력하다. 진정 자신의 것이라면 죽음을 넘어서도 함께할 수 있는 것이어야 한다.

하지만 굳이 거창하게 죽음 이후까지 생각할 필요는 없다. 내가 오늘 밤 잠이 들면 친구나 가족은 곧 나와 무관한 사람이 된다. 아무리 죽고 못 사는 친구가 있는 사람이라도 꿈에 그 친구를 만나는 경우는 거의 없고, 아무리 효자라도 꿈에 부모님을 뵙는 경우는 거의 없다. 죽음은 차치하더라도 우리의 모든 인간관계는 꿈에서조차 작동하지 않는다.

　반려동물은 친구나 가족보다도 더 충직하며 하루의 오랜 시간을 함께할 수 있다. 그러나 반려동물은 인간보다 오래 살 수 없다. 반려동물에 의한 행복 역시 결국 특정 시기가 되면 무너지게 마련이다. 친구나 가족뿐 아니라 반려동물도 길고 긴 노년을 함께하기에는 위태로운 유리 바닥에 불과하다.

　고려의 지눌은 『수심결(修心訣)』에서 모든 외적인 것은 진정한 내 것이 아니라고 했다. 진정한 내 것은 외적인 대상이 아닌 내적인 어떤 것이며, 진정한 행복은 외적인 만족이 아닌 내적인 각성이다. 외부에서 오는 행복은 결코 내면에서 솟아나는 행복에 비견될 수 없다. 이런 점에서 노년의 독거노인화를 피하는 가장 현명한 방법은 내면을 컨트롤하는 명상을 익히는 것이다.

6
스스로 행복할 수 있는 사람

금수저인 붓다는 왜 출가했을까

붓다는 오늘날의 네팔 땅에 있었던 가비라국의 왕자로 탄생했다. 하지만 비록 왕자라고 해도 붓다가 반드시 왕위에 오른다는 보장은 없었다. 당시 가비라국은 공화제 국가였기 때문이다. 공화제 국가에 태자나 세자가 있을 리 만무하니, 붓다의 생애를 적은 경전인 『불본행집경(佛本行集經)』 등에서 붓다를 태자로 부른 것은 붓다를 높이려는 종교적 과장인 셈이다.

다만 붓다의 아버지인 정반왕이 조부인 사자협왕의 장남이었고, 붓다 자신도 정반왕의 장남으로 다른 사촌들에 비해 월등히 나이가 많았다. 따라서 붓다가 왕위 계승 서열 1위였다는 것은 분명하다. 붓다는 태자나 세자는 아니었지만, 태생부터 금수저였던 것이다.

그런데 붓다는 왜 이런 좋은 환경을 버리고 출가의 길을 택했던 것일까? 그것은 물질과 권력만으로는 '완전한 행복'에

도달할 수 없다고 판단했기 때문이다. 물론 우리는 '완전한 행복'까지 필요로 하지는 않는다. 그것은 너무 요원한 목표이기 때문이다. 이런 목표에 매달린다면 삶이 너무 피곤해지지 않을까?

우리 모두가 일런 머스크처럼 혁신적인 전기차를 만들고, 지구 주위에 수만 개의 위성을 쏘아 올릴 필요는 없다. 다만 이런 흐름을 이해하는 정도면 충분하다. 그래야 보다 높은 만족과 행복을 향유할 수 있기 때문이다. 마찬가지로 우리가 반드시 붓다와 같이 될 필요는 없다. 그러나 붓다가 가고자 했던 길이 무엇이었는지 정도는 알 필요가 있다. 삼성처럼 갤럭시를 만들 필요는 없지만, 갤럭시의 기능 정도는 이해할 필요가 있지 않은가?

공자와 안회가 즐거워했던 것

주희(朱熹)의 『논어집주(論語集註)』에는 북송 시대의 주돈이(周敦頤)가 제자인 정호(程顥)와 정이(程頤) 형제를 가르칠 때, 언제나 "공자(孔子)와 안회(顏回)가 즐거워한 것이 무엇인가를 찾게 했다."는 내용이 있다. 공자야 더 설명할 필요가 없는 인물이고, 안회는 공자의 수제자로 가난한 환경 속에서도 학문에 매진하면서 안빈낙도(安貧樂道, 가난함 속에서도 도를 즐김)를 실천했던 인물이다. 이 때문에 유교에서는 안회를 '안 씨의 큰 스승', 즉 '안자(顏子)'라는 존칭으로 부른다.

주돈이는 정호와 정이를 가르칠 때 진정한 학문의 목적은 안빈낙도라는 점을 상기시키려 했다. 이 때문일까? 정호와 정이는 이후 각각 신유학의 심학(心學)과 이학(理學)의 시조가 된다. 심학은 육왕학(陸王學) 혹은 양명학(陽明學)이라고도 하고, 이학은 성리학(性理學)이나 주자학(朱子學)이라고 한다.

신유학 이전의 전통 유학은 정치와 사회 제도에 큰 비중을 두었다. 하지만 당나라 및 송나라 불교의 수행 문화와 주돈이의 영향을 받은 신유학은 수양에 보다 치중하게 된다. 조선의 퇴계와 율곡이 각각 경(敬, 공경)과 성(誠, 진실)을 강조한 것 역시 이 때문이었다. 인격의 완성과 행복은 불교뿐 아니라 신유학에서도 학문의 목적이었다.

비교 대상에 따른 상대적 박탈감

요즘이야 놀이가 워낙 천차만별이지만, 예전의 놀이는 자연에서 뭔가를 취해서 즐기는 소박한 것이었다. 공기놀이는 작은 돌맹이 5개만 있으면 되고, 땅따먹기는 각자 적당한 돌 1개만 있으면 된다. 자치기는 짧은 막대와 긴 막대만 구하면 충분하다. 윷놀이 정도 되면 나무를 약간 가공할 필요가 있지만, 그것도 크게 어렵지는 않다. 과거의 놀이는 누구나 쉽게 즐길 수 있는 평등한 것이었다.

그러나 동그란 딱지가 나오고, 훈장치기를 거쳐 게임기가 나오면서 놀이에도 차등이 생기게 되었다. 이런 물건들은 자연에서 얻는 것이 아니라, 돈을 주고 사야만 하는 것이기 때문이다. 이렇게 되면 상대적 박탈감이 생기게 마련이다.

지난 2010년 국가별 행복 지수 조사에서 부탄이 세계 1위를 차지하며 전 세계적인 주목을 받았던 적이 있다. 그러나 사실 이는 히말라야의 오지 국가라는 자연환경에 의한 '폐쇄적인 행복'이었다. 이는 우리가 가난할 때 자연에서 얻은 것만을 가지고 놀던 상황과 비슷하다. 모두가 가난한 상황에서 비교 대상이 없으니, 스스로 행복하다고 생각하는 것이다. 북한의 행복 지수가 남한보다 높은 것도 비슷한 경우라고 할 수 있다. 아니나 다를까. 지난 2019년 조사에서 부탄의 행복 지수는 95위로 추락했다. SNS를 통해 세계의 정보를 접하게 된 부탄인들이 자신들의 가난을 인식하게 된 결과였다.

사회적 동물인 인간은 항상 뭔가와 비교하면서 살아간다. 그러나 비교는 외부의 객관적인 것에 대해서 이루어지는 것이지, 내면의 주관적인 것에 대해서는 이루어질 수 없다. 바로 이 점이 우리가 명상에 주목해야 하는 이유다. 몇 년 전 유행했던 소확행(小確幸) 역시 반드시 내면적인 것만은 아니지만 이런 방향에서 이해될 수 있다.

중요한 것은 비교 우위

우리는 결핍에 의해서도 불행을 느끼지만, 보다 근본적으로는 비교에 의해 불행을 느낀다. 1인당 GDP가 3만 5천 달러를 넘어가는 오늘날의 한국에 보릿고개와 같은 결핍은 존재하지 않는다. 그럼에도 불구하고 '헬조선'과 같은 표현이 유행하는 것은 행복이 소유의 문제이기보다는 비교의 문제임을 잘 보여 준다.

기독교나 이슬람교는 모든 것이 갖추어진 세계인 천국에 가는 것을 목표로 한다. 이런 세계는 금으로 된 땅, 나무에 주렁주렁 걸려 있는 옷 등으로 묘사되기도 한다. 그러나 한번 생각해 보자. 만약 땅이 금으로 되어 있으면, 금이 귀금속으로서의 가치를 가질 수 있을까? 또 비라도 오면 홍수가 날 것이고, 수목과 농작물이 자라지 못하며, 건물을 짓기도 쉽지 않을 것이다. 금으로 된 땅이란, 가난한 이들에게서 나온 단순한 발상에 불과한 것이다. 또 옷이 나무에서 난다는 것은 의복이 모든 곳에 두루하다는 의미다. 그러나 이 역시 헐벗은 시대의 희망일 뿐이다. 오늘날의 사람들은 입을 옷이 없어서가 아니라, 좋은 옷이나 명품 옷을 못 입어서 괴로워한다.

결핍에 따른 불행은 풍요를 통해 극복될 수 있다. 문제는 이런 풍요가 오늘날 우리가 추구하는 행복과 다르다는 점이다. 북한보다도 못살던 1960~70년대의 우리나라에서는 "잘

살아 보세."가 전국민적 구호였다. 그러나 어느 정도 경제가 발전한 1990년대부터는 "밥만 먹고는 못 산다."는 말을 하게 되었다. 행복의 1차 조건은 결핍 해소이고, 2차 조건은 비교 우위 확보다. 1차 조건이 충족된 오늘날에는 2차 조건의 충족이 행복의 결정적 요소가 되었다.

천국은 진짜 행복할까

샤넬이나 구찌도 모두가 가진다면 전혀 명품일 수 없고, 또 행복의 코드가 되지 못한다. 정부에서 나눠 주는 구호품이 샤넬이나 구찌라면, 마트에서 50원을 주고 사는 비닐봉지와 무엇이 다르겠는가? 무엇이든 풍요로운 천국은 모든 이를 행복하게 하기 어렵다. 인간은 결코 외적인 조건만으로 만족할 수 없기 때문이다.

이에 반해 마약은 모두를 행복하게 할 수 있다. 마약은 외적인 조건이 아니라 내적인 인식과 감정을 바꾸기 때문이다. 어떤 의미에서 명상은 스스로 통제 가능하고 부작용 없는 최고의 마약이라고 하겠다.

비교를 넘어선 행복

비교 대상이 없으면 불행해질 이유도 없다. 미남이 있기 때문에 추남이 존재하며, 1등이 있기 때문에 꼴등이 존재하게 된다. 이런 점에서 볼 때 올림픽은 전 세계인을 한 줄로 세우는 '박탈감 유발 끝판왕'이라고 할 수 있다.

『노자(老子)』 3장에서는 "현명함을 숭상하지 않으면, 백성들은 경쟁하며 다투지 않게 된다. 얻기 어려운 재화를 귀하게 여기지 않으면, 백성들은 도둑질을 하지 않게 된다. 욕심낼 것을 보여 주지 않으면, 백성들의 마음은 어지럽지 않게 된다(不尙賢 使民不爭 不貴難得之貨 使民不爲盜 不見可欲 使民心不亂)."라는 말을 통해 비교와 한 줄 세우기의 위험성을 지적한다. 또 25장에서는 "홀로 존재하나 바뀜이 없고, 두루 움직이나 위태롭지 않다(獨立而不改 周行而不殆)."라고 해서, 비교 대상이 없는 독립자의 충만한 완전성을 이야기한다.

물론 우리가 반드시 이런 궁극의 완전성을 추구해야 하는 것은 아니다. 다만 이와 같은 구조 속에서 행복의 핵심을 이해할 수 있음은 알아야 한다. 이는 '주관의 각성', 즉 명상이라는 해법으로 귀결된다.

7
세상을 정면 돌파하라

자연인을 동경하는 도시인

〈나는 자연인이다〉는 생각지도 않게 인기 장수 프로가 되었다. 문명을 등지고 혼자서 불편하게 사는 사람들이 세간의 관심을 끄는 것은 무슨 이유일까. 아마도 도시 생활에 지친 현대인들이 이 프로를 통해 뭔가 대리만족을 느끼기 때문일 것이다.

그래서 '자연인'으로서 혼자 사는 것은 현대인의 로망이 되기도 한다. 번듯한 가족과 함께 문명의 이기를 누리며 사는 사람들이 '자연인'의 삶을 부러워한다는 것은 서글픈 일이다. 삶의 무게에서 비롯된 깊은 탄식이 현대인들로 하여금 이런 뜻밖의 로망을 갖게 하기 때문이다.

원효는 「발심수행장(發心修行章)」에서 "사람이 누군들 산에 들어가 도 닦을 생각이 없으랴만, 그렇게 못함은 세상의 애욕에 얽혀 있기 때문이다(人誰不欲歸山修道 而爲不進愛欲所纏)."

라고 했다. 또 "비록 재주가 있더라도 세속에 사는 사람을 붓다는 근심하고, 도 닦음이 없더라도 산속에 거처하면 뭇 성인들은 환희심을 낸다(雖有才智居邑家者 諸佛是人生悲憂心 設無道行 住山室者 衆聖是人生歡喜心)."고도 했다. 북송 시대의 곽희는『임천고치(林泉古致)』에서 "누구나 자연을 사랑하지만, 그럼에도 그곳에 거처할 수는 없으므로 산수화(山水畵)를 곁에 둔다."라고 했으니, 이는 원효의 말과 비슷하다.

분명 인간은 자연을 희구하는 측면이 있다. 그러나 실제로 '자연인'으로 사는 이들은 극소수다. 원효 역시 파계를 하고 세속의 삶을 선택하지 않았던가? 만약 원효가 정말로 산을 좋아했다면, 그의 행동은 너무도 모순된 것 아닌가?

세상을 피하는 사람과 세상으로 들어가는 사람

『논어(論語)』의 「미자(微子)」편에는 공자의 제자 자로가 나루터를 찾다가 은둔자인 걸익을 만나는 이야기가 나온다. 이때 자로는 걸익으로부터 "천하가 온통 탁류로 가득 차 도도히 흐르는데, 누가 이 흐름을 바꿀 수 있단 말이오? 사람을 피하는 선비를 따르는 것이, 어찌 세상을 피하는 선비를 따름만 같으리오(滔滔者天下皆是也 而誰以易之 且而與其從辟人之士也 豈若從辟世之士哉)?"라는 조롱 섞인 말을 듣는다.

공자는 자로에게 이 말을 전해 듣고 "세상이 제아무리 뒤

틀려 있더라도 짐승과 더불어 살 수는 없으니, 내가 사람과 어울려 살지 않으면 누구와 어울려 살겠는가? 천하에 도가 있다면, 내가 군이 바꾸려 하지 않았을 것이다(鳥獸不可與同群 吾非斯人之徒與而誰與 天下有道 丘不與易也)."라고 답한다. 이 이야기는 세상을 피하는 피세지인(避世之人)의 관점과 세상을 관통하면서 충돌하는 입세지인(入世之人)의 관점을 잘 대비시켜 보여 준다.

혼자 편안한 것은 개도 된다

자연 속에 혼자 사는 사람에게는 딱히 스트레스의 대상이 존재할 수 없다. 『장자(莊子)』「외편(外篇)」의 '산목(山木)'에는 허주(虛舟), 즉 빈 배와 관련된 이야기가 있다.

어떤 사공이 자신의 배로 강을 건너고 있는데, 어떤 사람이 탄 배가 와서 그의 배에 부딪혔다고 하자. 이 경우에 사공은 그 사람에게 화를 낼 것이다. 오늘날의 우리도 차를 몰고 가다가 다른 운전자의 부주의로 인해 접촉 사고를 당하면 그 운전자에게 짜증이 나지 않는가? 그러나 부딪혀 온 배가 강물을 따라 떠내려온 빈 배였다면, 충돌이라는 사건에 의한 짜증은 나겠지만 부딪혀 온 배에 탄 사람에 대한 짜증은 날 수 없다. 접촉사고도 마찬가지다. 내가 혼자 주차하다가 담장을 긁은 것이라면 짜증은 나도 폭발하지는 않는다. 화낼 대상이 없으니 자책만 할 뿐 어쩔 수 없다. 1차적인 사건이 일어나더라도 2차적인 감정 폭발은 일어나지 않는 것이다. 이에서 보듯 대상이 없으면 불편하기는 하지만 편안하다. 그러나 이는 사람만이 아니라, 개도 느낄 수 있는 편안함이다. 이것은 진정한 평안이나 행복이 아니다.

진정한 승자는 홀로 있어서 행복한 사람이 아니라, 세상을 관통하면서도 행복한 사람이다. 피세지인(避世之人)의 행복은 부탄의 행복처럼 불면 날아가는 허망한 것이다. 진정한 행복은 '입세지인(入世之人) 속의 피세지인(避世之人)'이 느끼는 행복, 즉 세상의 한복판에서 세상을 넘어서 있는 행복이다.

진정한 고요는 시장 속에 있다

동아시아 불교에는 송나라의 곽암(廓庵)이 그린 10장으로 된 소 그림인 「십우도(十牛圖)」가 전해진다. 진리를 소에 비유해서, 10폭의 그림으로 소를 찾는 이야기를 그린 것이다. 소를 찾는 것에 보다 중점을 두어 「심우도(尋牛圖, 소를 찾는 그림)」라 하기도 한다.

그런데 「십우도」의 맨 마지막은 '입전수수(入廛垂手)'다. 이는 손을 드리운 채 시끄러운 저잣거리로 들어간다는 의미다. 세속을 넘어선 출가(出家), 그리고 출가를 넘어선 출출가(出出家)의 경지인 것이다. 이를 성철 스님은 『금강경오가해(金剛經五家解)』속 야부 도천(冶父 道川)의 말을 인용해, "산은 산이요, 물은 물(山是山 水是水)"이라고 하였다. 현실을 떠나고 등지는 것이 아니라, 현실을 관통하지 않으면 진정한 고요에 이를 수 없다. 이런 고요를 추구하기 위해 원효 역시 저잣거리에서 「무애가(無礙歌)」를 외치는 파계승이 되었던 것 아닐까?

진정한 명상은 현실을 관통한다

홀로 있어 마음이 평안하고 조용한 데서 고요한 것은, 누구나 되는 평안이며 무가치한 고요다. 이런 점에서 〈나는 자연인이다〉의 평안은 결핍이 초래한 불완전한 평안이다. 만일 이들이 진짜 자신의 행복을 찾아서 '자연인'으로 사는 것이라면, 이들을 물질적 환경으로 유인하여 도시로 돌아오게 하기는 어려울 것이다. 하지만 대부분의 '자연인'들은 충분한 물질적 환경이 주어진다면 자연을 떠날 것이다.

출가 직후에 붓다는 당시 인도에서 가장 강성했던 마가다국의 빔비사라왕을 만나게 된다. 이때 왕은 범상치 않은 붓다의 모습을 보고 자신의 재상이 되지 않겠느냐는 권유를 한다. 그러자 붓다는 왕위도 버리고 왔는데 그게 말이 되냐고 하면서, "이 세상에 토한 것을 다시 주워 먹는 사람은 없다."고 대답한다. 이것이 바로 스스로 선택한 진정한 '홀로'다. 이에 반해 '자연인'의 '홀로'는 반쯤은 세상으로부터 등 떠밀린 결과일지도 모른다. 전자가 충만의 '홀로'라면, 후자는 결핍의 '홀로'인 것이다.

진정한 행복은 현실을 관통하는 행복이다. 왁자지껄한 스타벅스에서도 공부에 몰두하다 보면 소음을 관통하는 고요를 경험하게 된다. 명상도 그래야 한다. 진정한 명상은 삶과 유리되어서는 안 된다. 삶과 유리된 명상은 그저 허울 좋은 사기일 뿐이다.

일상에서 명상을 하는 양명학

명나라의 왕양명(王陽明)은 어린 시절에 성리학을 공부했다. 그러다 도가와 선불교로까지 학문의 영역을 넓혔다.

진정한 행복은 현실을
관통하는 행복이다.
왁자지껄한 스타벅스에서도
공부에 몰두하다 보면
소음을 관통하는 고요를
경험하게 된다.

중국은 황제의 권한이 강하고 신하의 권한이 약한 군강신약(君强臣弱)의 국가였다. 따라서 황제의 측근인 환관의 권한은 왕공대신(王公大臣)의 그것을 능가하곤 했다. 어렸을 때부터 천재성이 강했던 왕양명은 관직에 나가서는 타협하지 않고 강직했다. 35세가 되던 해에 왕양명은 당시 국정을 농단하고 있던 환관 유근(劉瑾)과 충돌했다.

이 일로 인해 왕양명은 귀주(貴州) 용장으로 좌천 겸 유배되었다. 귀주는 오늘날 중국을 대표하는 술인 마오타이주로 유명한 곳이다. 그런데 술을 빚는 물이 좋다는 것은 바꿔 말하면 오지라는 뜻이다. 왕양명이 유배된 용장은 귀주에서도 외진 곳이었다. 왕양명은 아무것도 하기 어려웠고, 또 공부를 하려고 해도 책이 없었다.

이때 왕양명은 모든 사물의 이치를 개별적으로 분석하고 밝힌다는 성리학이 등 따습고 배부른 소리에 불과하며, 진정한 진리는 마음 밖에 있는 것이 아님을 깨닫게 되었다. 이를 양명학에서는 '용장오도(龍場悟道, 용장에서의 깨달음)'라 한다.

이 깨달음의 결과로 왕양명은 먼저 알고 뒤에 행동한다는 '선지후행(先知後行)'이라는 성리학의 관점을 부정하고, 앎과 행동이 함께할 뿐이라는 '지행합일(知行合一)'을 주장하게 되었다. 또 일과 실천 위에서 갈고 닦는 수양법인 '사상마련(事上磨鍊)'을 천명했다. 이것이 양명학의 탄생이었다.

삶에서 통하지 않으면 명상이 아니다

임진왜란 당시 성리학을 따르던 조선의 지배층은 말만 앞세웠을 뿐 별다른 행동에 나서지는 않았다. 조선의 지배층은 전쟁이 발발하자 급격히 무너졌으며, 전후에는 조선인 포로 송환을 협상하기 위해 일본에 가는 것도 두려워했다. 결국 일본에 가서 강화를 맺고 포로를 데려온 것은 양반 관료가 아니라 의병장으로 활약했던 사명대사 유정이었다. 성리학을 따르던 조선의 지배층은 힘없는 민초에게만 강했던 방구석 여포였다.

이에 반해 왕양명은 현실에서 자신의 학문을 펼쳤다. 왕양명은 본래 문신이었지만 명나라 말기의 여러 반란을 진압한 뛰어난 무장이기도 했다. 그는 거란군에 맞선 고려의 서희처럼 담판을 했던 것이 아니라, 수나라 군대를 물리친 고구려의 을지문덕처럼 실제 작전을 지휘해서 승리를 거두었다. 그 결과 왕양명의 이름은 중국 역대 명장 174인을 수록한 문헌인『광명장전(廣名將傳)』에 오르기도 했다.

이를테면 이율곡이 오래 살아서 이순신 장군과 같은 역할까지 했다고 이해하면 되겠다. 학문하는 문사(文士)가 제갈량처럼 책사가 되는 일은 있었지만, 전쟁터에서 직접 장군이 되어 자신이 닦은 학문의 실효성을 입증해 보이는 것은 역사에 드문 일이다.

전쟁은 인간이 겪을 수 있는 가장 혼란한 상황이다. 전쟁터에서도 평정을 유지할 수 있을 정도로 마음을 수양한 사람이라면, 그 어떤 상황에서도 마음의 흔들림이 없을 것이다. 이런 수양과 공부가 바로 참된 학문이며 진정한 명상이다.

고요하고 제한적인 조건 안에서 하는 명상은 가상현실과 같은 허상일 뿐이다. 말끔한 명상 센터에서 많은 시간과 비용을 들여서 수행을 했어도, 막상 번잡한 일상으로 돌아오면 원래의 문제가 반복된다. 치열하게 돌아가는 현실 속에서의 공부[動中工夫]가 아닌, 제한된 고요 속의 공부[靜中工夫]를 했기 때문에 이런 일을 겪게 되는 것이다.

8
명상, 성공의 열쇠

탈출구가 없는 현대인의 분노

오늘날 대부분의 사람들은 도시에서 생활한다. 도시는 잘 정비된 공간인 동시에 꽉 막힌 미로다. 이 공간 속에서 사람들은 편리함을 누리기도 하지만 다른 한편으로는 갑갑함을 느끼기도 한다. 그 결과 현대인들은 몸에 익은 세련된 매너 이면에 통제되지 않는 분노를 갖고 있다.

이런 분노를 삭일 수 있는 탈출구는 어디에 있을까? 과거에는 경제 성장에 대한 희망이 그런 탈출구가 되기도 했다. 하지만 우리나라가 선진국의 문턱을 넘으면서, 과거와 같은 급속한 경제 성장을 기대하기는 어려워졌다. 심지어 오늘날의 젊은 세대는 구한말 이래로 부모 세대보다 가난한 첫 세대가 될 것이라는 말까지 들리고 있다.

자연이 문제의 해법일 수 있을까

몸과 마음의 건강에 대한 사람들의 관심이 증가하면서, 치유·힐링·웰빙·웰다잉 같은 단어가 널리 쓰이게 되었다. 이런 흐름 속에서 길을 직접 걸어가며 여행하는 문화가 생겨났다. 이 문화는 2007년에 '제주 올레길'이 열리면서 확산되기 시작한 것 같다. 제주 올레길이 인기를 끌면서, '서울 둘레길' 등 여러 '길'들이 각 지자체에 의해 개발되었다. 최근에는 스페인의 산티아고 순례길이나 일본의 시코쿠 88사(寺) 순례길처럼 어떤 의미가 부여된 순례길도 생겨나고 있다.

　　자연 속의 길을 직접 걸어가며 여행하는 문화는 현대인이 겪는 문제를 완화시키는 수단이 될 수 있다. 마치 당뇨병에 대해서 당뇨병 약이 그러한 것처럼 말이다. 하지만 문제의 본질을 관통하여 해결하는 수단은 못 된다. 근본적으로 우리는 '자연인'으로 돌아갈 수 없기 때문이다. 우리는 며칠 동안은 시간을 내서 자연 속을 걸을 수 있지만, 결국 콘크리트 도시라는 삶의 터전으로 돌아와야 한다.

　　자연친화주의를 마치 진리처럼 추구하고 예찬하는 사람들을 가끔 볼 수 있다. 이들은 집은 콘크리트 집보다 황토 집이 좋고, 과일이나 채소는 가격이 2~3배 비싸더라도 반드시 유기농 마크가 붙어 있는 것을 사야 한다고 믿는다. 하지만 우리 조상들은 불과 100년 전까지만 해도 모두 황토 집에서 유기농 웰빙 음식만 먹고 살았지만 우리보다 단명했다. 그에 비해 우리는 시멘트 독을 머금은 콘크리트 집에서 비료와 농약으로 키운 식자재들을 먹고 있지만 조상들보다 장수하고 있다.

황토 집과 유기농 식자재가 우리 몸에 좋은 것은 사실이다. 그러나 군이 황토 집과 유기농 식자재를 찾지 않아도 우리는 이미 충분히 오래, 그리고 건강하게 살고 있지 않은가? 자잘한 이삭까지 줍는 것도 의미가 있지만, 그래 봐야 노년만 더 길어질 뿐이다.

빨대나 종이컵이 환경을 오염시키는 것은 사실이다. 그러나 환경 오염의 주범은 빨대나 종이컵이 아니라 공장과 자동차와 낙농업이 아닌가? 지엽적인 문제를 해결해도 물론 효과는 있다. 그러나 본질적인 문제를 그대로 놔둔 채 지엽적인 문제만 붙들고 씨름한다면, 그 효과는 제한적일 수밖에 없다. 『법구비유경(法句譬喩經)』에는 끓는 솥을 식히려는 이가 불은 끄지 않고 솥에 부채질만 한다는 이야기가 실려 있다. 또 『대학(大學)』에는 "만물에는 근본과 말단이 있고, 모든 일에는 끝과 시작이 있다(物有本末 事有終始)."는 말이 있다. 필요한 것은 지엽적인 접근이 아니라 근본적인 접근이 아닐까!

명상은 삶의 이완이 아니다

벌써 20년 전인 2002년 한일월드컵 때, 템플스테이 사업이 국고 지원 사업으로 출범했다. 템플스테이 사업의 목적은 우리 전통문화를 세계에 알리고, 한국 관광을 활성화시키는 데 이바지하는 것이었다. 월드컵이나 올림픽 같은 대규모 자본이 들어가는 행사의 성패는 국가 이미지 제고, 그리고 그렇게 제고된 이미지를 관광 활성화로 이어가는 것에 있기 때문이다.

템플스테이는 국민에게 사찰을 개방하는 역할도 했다. 기존의 사찰은 대개 승려나 일부 신도들의 전유 공간이었다. 하지만 템플스테이를 통해 사찰을 찾는 이들의 외연이 비약적으로 확대되었다. 템플스테이 참가자 대부분이 무종교인이거나 타종교인인 것은 이런 사실을 분명히 보여 준다.

어떤 사람들은 템플스테이 참가를 통해 무언가 큰 변화가 있기를 기대하기도 한다. 그러나 이는 잠깐의 문화 체험 그 이상도 그 이하도 아니다. 마치 오랫동안 의자에 앉아서 모니터를 보면서 일하던 사람이 잠깐 뒤로 기지개를 켜는 정도라고나 할까? 템플스테이 참가는 분명 신선한 효과를 주지만, 그 정도 효과로 문제가 해결될 수는 없다.

순례길 걷기와 템플스테이 참가는 도시 문명에 찌든 지친 현대인의 스트레스를 다독이고 노년의 건강 관리를 돕는다는 점에서 분명 도움이 된다. 다만 이것이 본질적 해법이 될 수는 없다. 우리에게 필요한 것은 좀 더 처절한 자기 변화의 노력이며, 이것이 바로 명상이다.

군대 감옥에서도 바뀌지 않는 것

나는 평창 월정사에서 청년출가학교를 진행한 적이 있다. 35세 이하의 젊은이들을 대상으로 뭔가 전환점을 알려 주고, 삶의 에너지를 충만하게 해 주는 것이 목적이었다. 이때 참가자들 중에는 공무원 시험이나 교사 임용 고시를 준비 중인 이들이 많았던 것으로 기억한다. 당시 나는 책임자인 학교장이었는데, 내가 입재식(입학식)에서 한 말은 "군대 깜빵을 갔다 와도 안 바뀌는 게 인간이다. 스스로 바뀌려고 하지 않는다면 절이 해 줄 수 있는 것은 없다."였다.

명상은 스스로를 바꾸려는 처절한 노력이자, 자기로부터의 혁명이다. 이를 위해서는 현실과 자신을 직시하고 변화하려는 독한 마음가짐이 필요하다. 금연이나 금주, 다이어트도 쉽지 않은데, 사고방식을 바꾸고 자신의 마음을 길들이는 것이 어떻게 쉬울 수 있겠는가? 명상은 현대 사회에서 반드시 필요하지만, 그렇다고 쉽게 성취를 볼 수 있는 일은 아니다.

진정한 가치 투자로서의 명상

불교와 같은 진리 종교에서는 명상을 통해 얻은 견고한 의식과 에너지가 사후까지도 관통하여 작용한다고 주장한다. 명상을 통해서 죽음 이후의 행복도 성취될 수 있다는 말이다. 그러나 이런 거창한 주장은 일단 차치하자. 이는 자칫 유신 종교에서 말하는 사후 천국과 같이 검증 불가능한 주장으로 받아들여질 수 있기 때문이다.

붓다는 "불교를 믿으면 처음도 좋고 중간도 좋고 끝도 좋다."고 말하곤 했다. 그러나 미래나 사후도 중요하지만, 사실 가장 문제가 되는 것은 현재가 아닐까? 명상의 효용성도 마찬가지다. 지금의 나를 바꾸는 것이 아니라면, 명상의 가치는 빛이 바랠 것이다.

나는 확언할 수 있다. 명상은 갑옷을 입혀 주거나 '쉴드'를 쳐 주는 것처럼 멘탈을 강화시켜 준다. 또 명상은 노년의 사람들에게 올바른 가치관을 통한 행복의 길을 제시해 준다. 명상을 통해 우리는 엄청난 현세적 이익을 지금 바로 실현할 수 있다. 또한 명상으로 얻은 에너지가 실제로 죽음 이후까지 관통하여 작용한다면, 그야말로 명상은 현세는 물론 내세까지 내다보는 최상의 가치 투자가 아니겠는가?

자살할 자신이 없다면 지금 당장 명상하라

원래부터 스스로 멘탈이 강해 스트레스를 잘 받지 않고, 또 일찍 죽을 자신이 있다면 굳이 명상이 필요하지 않을 수 있다. 그러나 오늘날의 복잡한 사회 환경 속에는 다양한 스트레스 요인들이 도사리고 있다. 이 요인들은 마치 지뢰처럼 전혀 예상하지 못한 때와 장소에서 돌발적으로 폭발할 수 있다. 위험한 임무를 수행하는 경찰 특공대가 방탄조끼를 입고, 화재 현장에 뛰어드는 소방관이 방화복을 입는 것처럼, 명상을 통해 갑옷을 두르는 것은 행복한 삶을 사는 데 필수적이다.

또 죽음이라는 것은 더 이상 살기 싫다고 해서 마음대로 얻을 수 있는 것이 아니다. 만약 인간에게 PC에서 로그아웃하는 것처럼 삶에서 로그아웃할 수 있는 스위치가 있다면, 많은 사람이 스위치를 끌 것이다.

유럽에서 간병인으로 일하던 어떤 분이 정작 자신이 나이가 들자 적극적 안락사가 허용되는 스위스로 가 안락사로 삶을 마쳤다는 뉴스가 큰 이슈가 되었던 적이 있다. 고령으로 고통받는 이들을 직업적으로 많이 대하다 보니, 자신은 그렇게 되고 싶지 않다는 판단을 한 것이리라.

현재 스위스의 안락사 대기자 중에는 한국인도 100명 넘게 있다고 한다. 안락사에 대한 국제적인 수요(?)가 많다 보니, 스위스의 안락사는 스위스인보다 외국인이 압도적으로 큰 비중을 차지한다고 한다. 불과 100년 전, 황토 집에서 유기농 음식만 먹으며 살던 시절에는 장수가 오복(五福) 가운데 으뜸이었다. 그런데 이제는 삶에서 로그아웃하기 위해 스위스까지 가서 고액의 비용을 지불하고 번호표를 뽑아 기다리는 사람들이 있다.

스위스의 안락사 이야기는 노년의 삶이 우리가 상상하는 이상으로 권태롭고 고통스럽다는 것을 보여 준다. 자살할 용기가 없다면, 명상은 노년의 행복한 삶을 위해서도 필수다. 나이가 들면 유산소 운동도 해야 하지만, 근육 손실을 막기 위한 운동 또한 반드시 해야 한다. 명상은 정신과 마음에 근육을 만드는 필수적인 일이다.

9

정신과 마음에 근육을 키우는 법

명상 센터의 프로그램을 믿지 마라

요즘에는 명상 센터에 들어가 일주일에서 열흘 정도 집중 수행을 하는 사람들이 더러 있다. 그러나 이는 헬스장에서 트레이너에게 헬스를 배우는 수준 이상도 이하도 아니다. 만일 일주일이나 열흘간의 집중 수행을 통해 삶의 태도가 바뀌기를 원한다면, 그것은 불가능한 희망이다. 이 세상에 일주일이나 열흘 만에 바꿀 수 있는 것은 거의 없기 때문이다.

수십 년 이상 반복된 생각의 구조와 마음의 관점을 일주일이나 열흘 만에 바꾼다는 것은 그냥 생각해 봐도 불가능한 일이다. 박사 학위 논문을 쓰는 것처럼 많은 공부가 필요한 일은 둘째 치고라도, 리니지나 스타크래프트 같은 게임을 마스터하는 일조차 일주일이나 열흘 만에 할 수는 없다. 새로 시작하는 일도 이럴진대, 수십 년 동안 성장시켜 이미 거목으로 만들어 놓은 우리의 고정 관념과 의식을 어떻게 단기간에 바꿀 수 있겠는가?

명상 센터의 프로그램은 기초 훈련일 뿐이다

명상 센터에서 진행되는 프로그램은 미국이나 유럽을 10일 코스로 둘러보는 패키지여행 같은 맛보기에 불과하다. 한국인들의 유럽 패키지여행 일정을 보면, 유럽 사람들은 경악한다. 우리는 한 나라를 하루에 보고 통과하기 때문이다. 말 그대로 유적 찍고 그 앞에서 사진 찍고 하며 천리 행군하듯이 강행군하는 처절한 아웃사이더의 여행, 이것이 한국인의 유럽 패키지여행이다.

명상 센터에서 진행하는 프로그램도 이와 유사하다. 이를 통해 명상의 전체적인 구조와 흐름을 경험해 볼 수는 있지만 그 이상도 그 이하도 아니다. 그런데 사람들은 명상 센터의 회비가 비싸면 뭔가 특별한 것이 있겠거니 한다. 마치 안마 의자에 앉아 있기만 하면 기계가 자동으로 주물러 주는 것처럼 말이다. 그러나 세상에 그런 것은 없다. 단지 더 비싼 호구가 있을 뿐이며, 그 호구가 누구인지는 분명하다.

다이어트를 가지고 생각해 보자. 특정한 약을 먹는 것만으로, 혹은 안마 의자와 같은 기구에 앉거나 누워 있는 것만으로 다이어트가 될까? 그것은 희망 사항일 뿐 현실이 아니다. 누구나 그것을 알지만 그래도 혹시나 하는 희망을 가져 보게

모든 명상 센터의
집중 수행 프로그램은
자신을 길들이는
기초 훈련의 맛보기에
불과하다.

된다. 하지만 결과는 언제나 역시나다. '귀차니즘'의 결과는 항상 그러한 법이다.

모든 명상 센터는 극복 대상이다

육체의 패턴을 바꾸기 위해서는 최소 40일은 꾸준하게 다이 어트를 해야 한다. 그런데 왜 눈물 나게 이를 견뎌 내도 요요 현상이 발생하는 것일까? 이는 군대를 생각해 보면 이해가 쉽 다. 대한민국 남성은 신성한 국방의 의무를 위해 18개월간 군 대를 다녀오게 된다.

보통 젊은이들은 새벽 1시 정도는 되야 잠이 들지만, 군 대에서는 밤 10시면 소등하고 취침한다. 또 새벽 6시 30분에 기상하는데, 이는 사회에서는 고등학생이 아니면 있을 수 없 는 일이다. 이런 힘든 생활을 18개월이나 한다. 그런데도 그 패턴이 풀리는 데는 전역하고 15일 남짓이면 충분하다. 18개 월을 반복한 규칙적인 생활도 요요 현상의 직격탄을 맞으면 불과 보름만에 무너지는 것이다.

모든 명상 센터의 집중 수행 프로그램은 자신을 길들이 는 기초 훈련의 맛보기에 불과하다. 물론 이것이 전혀 의미 없 는 것은 아니다. 그러나 이를 유지하기 위해서는 스스로 바뀌 고자 하는 엄청난 자기 노력이 수반되어야만 한다. 집중 수행 은 틀을 다지는 정도일 뿐이다. 그보다 더 중요한 것은 그 틀이 습관이 될 정도로 자주 그리고 꾸준히 수행하는 것이다. 이는 마치 영어 단어를 외울 때 지속적인 반복을 통해 영어 단어가 장기 기억되도록 하는 것과 유사하다.

자주 명상 센터에 간다고 해도 문제가 없는 것은 아니다. 앞에서도 언급한 바와 같이 우리가 사는 현실과 유리된 특정 공간에서의 명상은 한계가 있을 수밖에 없기 때문이다. 최고의 명상은 현실 속에서 할 수 있어야 하며, 나아가 삶 그 자체가 명상이 되어야 한다. 모든 명상 센터는 디딤돌 정도에 불과한 것이므로 결코 거기에 안주해서는 안 된다. "강을 건너면 배를 잊는다."는 말처럼, 명상 센터는 수단이며, 마침내는 극복 대상이라는 점을 잊어서는 안 된다. 만약 처음부터 제대로 배워서 명상 센터 자체를 필요로 하지 않는다면 이것이 가장 바람직하다.

물만 먹어도 살찌는 사람

자신은 물만 먹어도 살찐다고 하는 사람들이 있다. 만약 이것이 사실이라면 노벨상 억 개를 줘도 아깝지 않다. 그런 일이 가능하다면 전 세계의 기아 문제가 해결되는 것은 물론이고, 인류의 우주 진출도 용이해지기 때문이다.

그러나 한국전쟁이나 보릿고개에 물만 먹고 살찌는 사람은 없었다. 기근에 시달리는 아프리카 사람들 역시 마찬가지다. 물만 먹어서 살찐 것이 아니라, 물까지 먹은 것이거나 또는 물만 먹었다고 착각하는 것일 뿐이다.

어떤 사람은 부어서 살이 됐고, 또 어떤 사람은 스트레스 살이라고도 한다. 그러나 정확하게는 부기가 빠지기 전에 영양분을 채워 넣었기 때문에, 또는 스트레스를 해소하기 위해서 뭔가를 먹었기 때문에 살이 찐 것이다. 인과를 초월하여 살이 찌거나 빠질 수는 없는 법이다.

다이어트의 원리는 간단하다. 몸으로 들어가는 에너지의 양보다 소모되는 에너지 양이 많으면 된다. 얼마나 많이 먹느냐가 중요하기는 하지만, 신진대사량이 많아서 먹은 양 만큼의 에너지를 소모시킬 수 있다면 문제가 되지 않는다.

이런 이치는 모든 사람이 안다. 그러나 이를 실천하는 것은 말처럼 쉽지 않다. 이 때문에 다이어트에 효과가 좋다는 비싼 약을 먹거나 수술 또는 시술도 마다하지 않게 된다.

눈에 보이는 육체를 컨트롤하는 것도 이와 같은데, 정신과 마음은 어떻겠는가? 정신과 마음이 육체에 비해 하열한 것도 아닌데, 다이어트 때와 같은 노력도 없이 정신과 마음을 다스릴 수 있다고 생각하는 것은 어불성설이다. 다이어트와 같이 명상 또한 꾸준한 노력으로 자신을 길들이는 일이다.

명상과 행복도 습관이다

군부 독재 시대를 살았던 기성세대들은 잘 놀지 못하는 특징이 있다. 당시 구호는 앞에서도 이야기했던 "잘 살아 보세"였다. 1960~70년대 새마을 운동을 상징하는 캠페인 송이었던 〈잘 살아 보세〉의 핵심은 "잘 살아 보세~ 잘 살아 보세~ 우리도 한번 잘 살아 보세~"였다. 오늘날의 관점에서 보면 진짜 없어 보이는 노래가 아닐 수 없다. 그러나 가난했던 당시로서는 국가와 민족의 로망에 대한 간절한 표현이었다.

또 당시에는 국산품 애용 운동이 있었다. 외국 제품에 비해 질이 좋지 않던 국산품을 내수에서 소비해서 기업의 경쟁력을 제고하고, 외화 유출을 막기 위한 운동이었다. 그래서 당시에는 외국 제품을 쓰는 이는 매국노로 간주되기도 했다. 이런 시대를 지나온 사람들은 경제력을 갖추고 난 다음에도 외국 여행을 사치로 생각하곤 한다. 또 근검절약이 몸에 배어 있어서, 좀처럼 자신을 위한 소비를 하지 않기도 한다. 개발 독재 시대의 세뇌가 낳은 상흔이라 하겠다.

이들의 유희는 먹고 마시며 성(性)을 탐닉하는 말초적인 즐거움이 거의 전부일 때도 있다. 즉, 제대로 놀 줄을 모르는 것이다. 가난했던 사람이 부자가 되면 고기에 집착하는 것처럼, 이들은 오늘날에도 고기를 먹어야 잘 먹었다고 생각할 것이다.

이들은 또한 노동과 운동을 잘 구분하지 못한다. 과거에는 조깅이라도 하면 "배 꺼지게 저게 뭐 하는 짓이냐!"고 손가락질을 받았다. 오늘날에도 이들에게 운동은 텃밭 가꾸기 정도일 수 있다. "잘 살아 보세~"만 외치며 경주마처럼 질주해 온 노년 세대의 슬픈 자화상이라고 하겠다.

이에 비해 요즘 젊은이들은 알바를 해서 해외 여행비를 모으고, 스스로 모든 이동 루트를 짜서 배낭여행을 간다. 또 적은 돈으로도 재미있는 것들을 찾아서 즐겁게 논다. 기성세대가 보기에는 다소 한심하게 보일 수도 있지만, 이는 살아온 환경이 다르기에 생겨난 결과다.

노는 것에도 환경이 필요하고 학습이 필요하다. 할 일이 없고 시간이 있으면 그것이 곧 노는 것이라고 생각해서는 안 된다. 축구나 골프는 누구나 할 수 있지만, 그것을 제대로 즐기기 위해서는 체계적인 배움이 필요하다. 실력을 키우고 그 실력을 안정적으로 유지하기 위해서는 반복 학습을 통한 습관화가 필수적이다.

명상과 행복에도 반복 학습을 통한 습관화가 중요하다. 노는 것도 배우면 더 잘할 수 있는 것처럼, 우리의 행복도 반복과 습관화를 통해 더 확고해진다. 차나 커피를 마시는 것도 다도를 익히거나 커피를 공부하고 나면 더욱 다르게 느껴지는 것처럼, 행복도 어떻게 하느냐에 따라서 더욱 강렬해질 수 있다.

어떤 것에 대한 공부인지에 상관없이, 처음 공부를 시작할 때는 단순반복 이상의 공부 비법이 없다. 명상을 통해 행복을 성취하고, 그 행복을 일상으로 확대하기 위한 공부도 마찬가지다.

비극의 주인공이 되기 싫으면 뛰어라

'기울어진 운동장'이라는 말이 있다. 맞바람을 맞으면서 달리는 것처럼, 일방적으로 한쪽이 기울어진 불리한 조건에 처해 있다는 말이다.

삶이란 거꾸로 가는 무빙워크와 같다. 가만히 있으면 점점 뒤로 밀려나 처지게 된다. 붓다는 이 무빙워크의 이름을 '늙음'·'병듦'·'죽음'이라고 했다. 우리는 잠시도 쉬지 않고 흘러가는 노(老)·병(病)·사(死)라는 무빙워크 위에 올라서 있는 것이다.

기울어진 운동장과 무빙워크의 속도를 거스르기 위해서는 더욱더 열심히 뛰어야 한다. 바람을 거스르지 못하면 파국과 비극의 주인공이 된다. 이렇게 거꾸로 가는 부단한 노력, 이것이 바로 명상을 통한 행복이다. 붓다처럼 노·병·사까지도 극복한다면 금상첨화다. 그러나 그 정도까지는 아니더라도『논어(論語)』「술이(述而)」에 나오는 공자의 말처럼 "어떤 일

에 꽂히면 먹는 것도 잊고, 그 즐거움에 근심을 놓아버리며, 늙음이 다가오는 것조차 알지 못한다(發憤忘食 樂以忘憂 不知老之將至)."와 같이 되는 것도 훌륭하지 않은가? 우리는 삶을 관통하는 행복의 명상을 지향한다. 그렇다면 생활 속의 명상은 붓다의 단계보다는 일단 공자의 단계를 목표로 하는 것이 더 타당하다. 붓다의 단계는 공자의 단계에 도달한 다음에 생각해도 충분하다.

10
행복을 쟁취하라

도덕의 허상을 폭파하라

청나라의 고증학자인 대진(戴震, 1723~1777)은 "인간의 도덕적인 것은 성인(聖人)이 가르쳐 준 것이지만, 식욕과 색욕 등의 본능은 날 때부터 하늘이 부여한 것이다. 그러므로 나는 하늘을 따르고 성인을 따르지 않겠다."라고 천명한다. 이를 철학사에서는 인욕긍정론(人慾肯定論), 즉 '인간의 욕망을 긍정하는 주의'라고 말한다. 인욕긍정론은 르네상스 이후 서구 사상의 영향을 받은 것으로, 대진보다 앞선 이탁오(李卓吾, 1527~1602) 등의 사상에서도 확인된다.

엄격하면서도 내숭스러운 성리학의 영향 때문인지, 조선에서는 대놓고 인욕긍정론을 제기한 사람이 없었다. 서화담은 황진이의 유혹을 이긴 것으로 유명해지는 바람에 금욕주의자였을 것이라는 인상을 준다. 하지만 그는 두 명의 부인에 5명의 자식을 두었다. 꼬장꼬장했을 것 같은 퇴계 역시 밤일에는 너무 적극적이어서 '밤 퇴계'라는 말이 있을 정도였다고 한다. 가만히 있어도 인욕을 부정하지 않고 살 수 있었으니, 굳이 대놓고 인욕을 긍정해서 도덕적 지탄을 받을 필요가 없었을 것이다.

다윈의 진화론적인 관점에서 본다면, 인류는 생존을 기본 목표로 하여 진화해 왔다. 그러니 식욕과 색욕 같은 인욕은 당연히 인간의 강력한 본능이 될 수밖에 없다. 식물도 죽음에 임박했을 때 보다 강한 번식력을 보이지 않는가?

오늘날 존재하는 모든 생물 종은 정도의 차이는 있지만 식욕과 색욕을 바탕에 깔고 진화해 왔다. 만약 굶주릴 때 양보하며 이성 앞에서 금욕적이 되는 어떤 종이 있다면, 그 종은 진화 과정을 이어 가지 못하고 멸종했을 것이다. 이런 점에서 볼 때, 욕망을 부정하고 극복하려는 노력은 부질없는 내면의 충돌 혹은 에너지 낭비일 수 있다. 인간의 욕망이 화강암 덩어리라고 한다면, 도덕은 그 화강암 덩어리에 위에 절제된 조각으로 구현된 석굴암 불상의 형상과 같은 것이다.

야비함의 끝판왕만 남은 세상

강이나 호수의 물은 맹숭맹숭하고 아무 맛이 없는 민물이지만, 바닷물은 짠물이다. 왜 같은 물인데 바닷물만 염도가 높을까? 옛이야기에 따르면 소금이 나오는 맷돌을 가지려는 욕심쟁이가 이를 바다에 빠트렸기 때문이라고 한다. 여기에는 맷돌이 부채로 대체된 부채 버전도 있다. 맷돌은 몰라도 부채는 바닷속에서 쓰기 어렵다는 점에서 납득은 잘 안 간다만…….

지구가 탄생했을 때 모든 물의 염도는 같았다. 다만 냇물이나 강물이 흐르면서 대지의 소금기를 녹여 낮은 지대인 바다로 이동시켰다. 이후에 바닷물이 증발해서 구름이 되었지만 바닷물 속의 소금 성분은 바다에 그대로 남았다. 이런 순환 과정이 수십억 년 동안 반복되면서 바닷물은 짠물이 되었다. 민물과 바닷물은 처음에는 같았지만 시간의 경과 속에서 극단적으로 달라진 것이다.

생명의 진화 역시 마찬가지다. 선한 종자와 악한 종자가 처음에는 바둑돌처럼 50대 50이었다고 하더라도, 시간이 지날수록 악한 종자의 비율이 커진다. 생존이 위급한 악조건 속에서도 선한 종자는 악한 종자에 비해 더 양보를 하기 때문이다. 극심한 흉년이 들면 먹을 것을 양보하는 이들보다 인육을 먹는 것도 불사하는 이들의 생존 확률이 더 높은 법이다. 결국 수십억 년을 진화해 온 생명체에게는 선함이 탈각되고 악함만 남게 된다. 프로이트가 인간의 본능으로 이드와 리비도를 강조했던 것도 이 때문일 것이다. 이렇게 놓고 본다면, 현생 인류와 현대인들은 모두 수없이 야비하게 뒤통수를 치면서 살아남은 생명체의 후손이 된다. 탐욕스럽고 추잡스러운 끝판왕들이 진화의 정점에 모이게 되었고, 인정하기 싫지만 그것이 바로 현재의 우리들이라는 이야기다.

물론 우리에게는 생존과 관련된 이기적 측면 외에 이타적 측면도 존재한다. 그러나 이런 이타성은 생존의 효율을 극대화시키기 위한 또 다른 가장된 이기성일 수 있다. 리처드 도킨스의 『이기적 유전자』가 바로 이런 주제에 대해 말하고 있다. 예를 들어 유재석은 배려심을 통해 '유느님'으로 불리며 롱런하는 것일 수 있다. 즉, 유재석의 배려는 손해가 아닌 더 큰 이익을 위한 유전자의 작전상 후퇴일 수 있다. 『노자(老子)』에 나오는 "감히 천하에 앞서지 않는다(不敢爲天下先)."는 말 또한 1등은 위험하므로 2등이 되어 롱런하겠다는 의미다.

이런 점에서 본다면, 욕망을 부정하는 것은 계란으로 바위 치기만큼이나 무모한 행동일 수 있다. 성인(聖人)은 욕망을 부정하는 것이 바람직하다고 주장했지만, 대진(戴震)은 이에 대해 역겨움을 느끼고 과감하게 반기를 들었다. 지극히 현대적인 관점을 가졌다는 점에서 대진은 시대를 앞서간 인물이었다.

포장된 욕망과 인간의 본질

그렇다면 왜 인류는 욕망으로 살지 않는가? 사실 인간은 모두 욕망으로 산다. 다만 절제를 통해서 수단을 정당화하고 욕망을 멋스럽게 포장할 뿐이다.

어떤 사람들은 지구를 위해 종이컵이나 나무젓가락 등 일회용품을 사용하지 말자고 한다. 그러나 지구는 만들어진 이래로 대부분의 시간 동안 끓는 마그마 상태였다. 지구라는 덩어리는 소행성들의 무수한 충돌로 인해 처음 만들어졌고, 그 과정에서 충돌 에너지로 인해 끊임없이 들끓고 있었기 때문이다. 푸른 식물로 뒤덮인 지구의 모습은 지구 전체 역사로 볼 때 비교적 최근의 일에 지나지 않는다. 이런 점에서 본다면, 지구의 본래 상태는 지구가 대부분의 시간을 보낸 끓는 마그마 상태라고 봐야 할 것이다.

인류의 환경 파괴는 지구에 큰 영향을 주지 못할 수 있다. 아무리 온실가스를 배출한다고 해도 펄펄 끓던 마그마 상태보다는 온도가 낮지 않은가? '지구와 환경을 살리자'라는 말은 어쩌면 우리 인류가 더 오래도록 지구를 이용해 먹고 싶다는 욕망의 표현에 불과할지도 모른다. 지구 자체는 인류의 모든 핵무기가 터져도 별문제가 없다. 문제가 되는 것은 우리 인류의 삶일 뿐이다.

그런데 인간은 교묘하게도 자신을 위한 욕망을 마치 지구와 환경을 위한 것처럼 포장한다. 일회용품을 남발하는 편의주의자와 일회용품을 제한하자는 환경론자는 서로 대척점에 서 있는 것처럼 보인다. 그러나 두 집단은 '나의 이익'이든

'인류라는 집단의 이익'이든 어쨌든 공통적으로 이익을 추구하고 있다. 그들은 이익 자체를 달리 선택한 것이기보다는 이익에 대한 관점을 달리 선택한 것에 가깝다.

문명사회에서 법과 도덕을 내세우는 것도 따지고 보면 지구를 지킨다는 미화된 명분과 비슷한 것일 수 있다. 특정 집단이 자신의 이익과 욕망을 합리화시키기 위해 동원하는 수단이 법과 도덕인 경우가 더러 있기 때문이다.

우리는 칼로 죽이는 과거의 전쟁을 참혹하다고 말한다. 하지만 버튼 하나로 대량살상무기가 작동하는 현대전에서는 더 많은 살상이 일어난다. 하지만 버튼을 누르거나 전쟁을 개시하는 명령권자는 자신의 손에 직접 피를 묻히지 않기 때문에 별반 죄책감을 느끼지 않는다. 살상이라는 본질은 같지만 그것을 포장하는 방식이 더 교묘해진 것일 뿐이다.

그래서 과학자들은 만일 우리보다 더 문명이 발달한 외계인이 존재한다면, 그들이 우리보다 더 잔인할 것이라고 본다. 마치 미국이 직접적인 폭력을 통해서가 아니라 금융과 통화를 통해 자신에게 맞서는 국가의 목을 죄듯, 우리보다 지능이 높은 외계인은 인류를 상대로 잘 포장되었지만 차원이 다른 폭력을 행사할지도 모른다. 대항해 시대 때 유럽인들이 아메리카 등에서 저지른 만행은 이기심과 욕망이 문명에 의해 순화되는 것이 아님을 분명히 보여 준다. 이는 달러 패권을 가진 미국을 통해 오늘날에도 확인되는 사실이다.

욕망의 추구를 위한 욕망의 절제

말초적인 욕망으로만 산다면 그것은 문명이 아니라 야생이다. 그래서 인류는 원칙이라는 안전장치를 만든다. 법과 도덕 등이 바로 그것이다. 그러나 이 역시 또 다른 형태의 욕망 구현 수단일 수 있다.

빵이 하나만 있다고 가정해 보자. 모두가 먹겠다고 덤벼들면 아귀다툼이 된다. 그러나 연장자나 권력자가 빵을 먼저 먹는다는 원칙을 세운다면, 사람들을 설득시킬 수 있고 빵을 둘러싼 다툼도 줄일 수 있다. 그러나 이 또한 다수의 동의와 합리성을 가장한 욕망 구현의 한 방식일 뿐이다.

역대 모든 대통령 선거 출마자는 "국가와 민족을 위해 헌신하겠다는 일념으로 나왔다."고 말했다. 물론 이들의 말이 순전히 거짓은 아닐 것이다. 그러나 그들이 공공을 위한 마음만 갖고 있었고, 사심은 전혀 없었다고 생각하는 사람은 없다. 설령 출마 당시에는 100% 공공을 위한 마음만 갖고 있었다고 하더라도, 그 또한 그 사람의 욕망이 조금 다른 형태로 드러난 것일 수 있다.

욕망 자체가 죄악은 아니다. 그러나 모두가 욕망을 노골적으로 드러낼 경우 사회는 혼돈으로 치닫는다. 따라서 욕망의 구현을 위한 노력에는 역설적으로 욕망의 절제가 필연적으로 수반되어야 한다. 물론 이런 욕망의 절제 역시 욕망 구현의 또 다른 한 형태이지만 말이다.

쾌락의 한계

욕망이 표면화된 쾌락 역시 마찬가지다. 쾌락은 누구나 즐길 수 있는 본능적인 부분이다. 그러나 술을 마시는 것은 쾌락이지만, 일단 알콜 중독이 되면 술을 마시는 것이 더 이상 쾌락이 되지 못한다. 술을 마시는 쾌락을 지속하기 위해서도 어느 정도 술을 절제해야 하는 것이다.

희랍 철학자인 에피쿠로스는 쾌락주의를 주장했다. 그러나 반복되는 쾌락은 쾌락에 대한 감을 무뎌지게 만든다. 그래서 에피쿠로스학파는 이후 절제를 강조하는 쪽으로 기울게 된다. 마치 1주일 동안 성실히 일한 사람의 '불금'이 가장 핫하고 즐거운 것처럼 말이다.

흥미로운 것은 에피쿠로스학파는 더 후대로 가면 금욕주의로 변한다는 점이다. 이런 현상은 쾌락의 극대화를 위해 절제를 강조하면서 나타났다. "인내는 쓰나 열매는 달다."는 말처럼, 단 열매를 먹기 위해 인내에 너무 큰 방점이 찍힌 것이다. 커피값을 아껴서 집을 사려던 사람이 집값이 뛰어 버리자 죽을 때까지 커피도 못 마시고 집도 장만하지 못하는 경우라

고나 할까. 또 쾌락에는 반드시 허탈한 마침표가 존재할 수밖에 없다. 모든 축제의 끝은 지저분한 공허다. 이런 점에서 "쾌락보다도 안정적인 평안이 해법"이라고 말하는 이들이 나타나게 된다. 일괄 수령하는 퇴직금보다, 강렬함은 떨어지지만 안정적인 연금이 낫다는 주장이다.

투쟁적 삶에서 이기는 명상

명상은 쾌락보다는 평안에 가깝다. 그래서 모든 사람이 맛있는 음식이나 매력적인 이성을 선호하는 것과 달리, 모든 사람이 명상을 선호하지는 않는다. 하지만 명상을 통해 얻는 평안은 현대인들이 각박한 삶 속에서 낙오할 위험은 낮추고 성공할 확률은 높여 줄 수 있다. 그렇다면 명상에 대해서 생각을 달리해 볼 필요가 있지 않을까?

바둑에는 "옆에서 보는 사람이 한 급 더 높다."는 말이 있다. 이는 게임의 당사자가 아닌 사람이야말로 평정한 마음에 입각하여 객관적이고 균형 잡힌 시각을 가질 수 있기 때문에 나온 말이다.

주식도 마찬가지다. 소액으로 할 때는 돈

을 버는 경우가 많다. 얼마 안 되는 돈이니 잃어도 된다는 평정심이 작동하기 때문이다. 그러나 금액이 커지고, 그게 전 재산이 되면 평정을 유지하기 어렵다.

명상이란 삶에서 도피하여 달팽이 집 같은 나만의 동굴로 숨어드는 것이 아니다. 명상은 투쟁적인 삶을 관통하는 도약의 원동력이며, 일상의 스트레스를 극복하는 황금 갑옷이다. 아니, 반드시 그렇게 되어야만 한다. 그렇지 않은 명상은 황홀한 꿈과 무엇이 다르겠는가?

바로 이 지점에서 명상의 중요성이 강력하게 대두된다. 명상은 소수가 전유하는 뜬구름 잡는 망상이 아니라, 삶의 투쟁에서 승리하고 행복을 쟁취하기 위한 수단이다. 양궁 선수나 성악가가 명상과 호흡법을 배워, 내적으로는 평안을 느끼고 외적으로는 좋은 성과를 내는 것처럼 말이다.

2 장

현실을
관통하지 못하면
명상이 아니다

1
명상 만능주의

명상의 르네상스

내가 명상에 관심을 가진 것은 중학교 때다. 군사 정권 치하에 있던 당시 우리나라는 경제적으로 한창 도약하고 있었다. 특히 1982년에 88올림픽의 서울 개최가 확정되면서, 일제 강점기와 한국 전쟁이라는 비극을 씻고 세계로 도약할 수 있다는 자신감이 꿈틀대고 있었다. 80년대 중반은 또한 단전 호흡과 김용의 소설 『영웅문』이 유행하면서, 수행에 대한 환상이 피어올랐던 시기이기도 하다.

나의 명상 입문기

당시 나는 명상을 통해서 머리가 좋아지고, 또 전설 속에나 나올 법한 신통력을 획득하는 것에 관심 있었다. 실제로 당시 나는 여러 가지 신통과 감각 통제를 배웠다. 이때 획득한 머리가 좋아지는 방법은 예전에 썼던 『스님의 공부법』에서 정리한 바

있다.

　나는 많은 명상법을 배웠다. 그리고 명상을 통해서 에너지를 모은다면 무엇이든 가능하다는 명상 만능주의자가 되었다. 예를 들어 나는 밥을 먹지 않고도 살 수 있다는 등 조금은 황당한 생각을 갖게 되었다. 이런 논리가 어떻게 가능할까? 인간의 에너지 공급원으로는 밥 외에도 물·수면·호흡·생각이 더 있다고 한다. 이 가운데 밥 같은 곡물류는 가장 거칠고 낮은 수준의 에너지 공급원이다. 따라서 밥 대신 고등한 에너지를 더 많이 끌어모을 수 있다면, 밥을 안 먹는 동시에 영적으로 맑은 사람이 될 수 있다고 한다. 신선과 선녀가 이슬만 먹고 산다는 등의 이야기는 이런 주장에서 비롯된 것이다. 실제로 불로장생을 꿈꿨던 중국 한나라의 무제(武帝)는 동으로 된 노반(露盤)에 이슬이 맺히게 하여 그것을 받아먹곤 했다. 이것이 근래에는 미스코리아는 이슬만 먹고 산다는 식의 '썰'로 이어지고 있다.

　당시의 내가 밥을 안 먹는 벽곡법(辟穀法)을 배워 봤더니, 잘 안 먹어도 실제로 배가 안 고팠던 기억이 있다. 지금 생각해 보면 "그럼 이슬만 먹고 사는 작은 곤충류가 신선인가?"라는 생각이 들기도 하지만, 어쨌든 당시에는 그 논리가 상당히 매력적으로 느껴졌다.

명상을 통해 불치병과 난치병을 치료할 수 있다는 논리도 있다. 이를테면 암에 걸렸다고 할 때 중요한 것은 암을 치료하는 것이 아니라, 숙주인 내가 죽지 않아야만 암 너도 오래 생존할 수 있다고 암을 설득하는 것이다. 이게 뭔 소린가 싶을 것이다. 하지만 나무에 기생하는 버섯은 절대 나무를 죽이지 않는다. 나무가 죽을 정도로 버섯이 영양분을 빨면, 나무가 죽으면서 버섯도 함께 죽을 수밖에 없기 때문이다.

실제로 감기 등의 병원균은 숙주인 사람을 아프게 할 뿐 죽이지는 않는다. 물론 예외가 없는 것은 아니다. 대표적인 것이 에볼라와 암이다. 에볼라는 전염 속도가 빠르기 때문에 숙주를 죽이더라도 다른 숙주로 옮겨갈 수 있다. 숙주가 죽더라도 자신은 죽지 않는다는 자신감이 있다고나 할까? 흥미로운 것은 암이다. 암은 숙주를 죽이면 자신도 죽을 수밖에 없다. 그런데도 암은 숙주를 죽이고 결국은 자신도 죽는다. 이를테면 암은 룰을 어기는 '또라이'다.

그러나 아무리 말 안 듣는 강아지라도 인내심을 가지고 계속 반복해서 눈을 보며 말하면 행동에 변화가 있기 마련이다. 이처럼 명상을 통해 병을 설득하는 것도 가능하다. 요즘은 잘 들리지 않지만 80~90년대에는 선인장에게 "내가 너를 보호해 줄 테니 너는 가시를 가질 필요가 없다."고 반복적으로

말해 주면 가시가 작아지거나 없어진다는 말이 있었다. 일종의 『신념의 마력』 같은 이야기라고나 할까? 선인장의 가시는 공격을 위한 무기가 아니라, 잎이 척박한 환경 속에서 진화한 산물일 뿐이라고 한다. 이렇게 본다면 이 이야기도 나름 그럴듯하게 들린다.

실제로 나는 예전에 암 환자를 대상으로 명상을 가르쳐서 낫도록 한 적이 있다. 물론 많은 임상 실험이 있었던 것은 아니며, 때론 실패한 경험도 있다. 그러나 나는 지금도 이것이 가능하다고 생각한다. 이런 점에서 나는 아직도 명상 만능주의자인 셈이다.

신병도 치료하는 명상

'신끼'는 산과 관계가 있다. 화랑은 산천을 유람하며 수련하곤 했는데, 화랑의 경상도 방언인 '화랭이'는 무당을 지칭하는 말이기도 하다.

또 '선인(仙人)'이나 '신선(神仙)'이라고 할 때의 '선(仙)'이라는 글자는 '인(人)'과 '산(山)'이 합쳐진 글자로, 산에 사는 사람을 의미한다. 즉, 산과 관련된 고대의 제사장 또는 무속적인 제관이 '선(仙)'이며, 이런 의미가 '신끼'와 관련되어 유전되고 있는 것이다.

우리나라는 산이 많기 때문에 신끼가 있는 사람들도 많

다. 신끼가 있으면 분위기를 잘 띄우고 대인 관계가 좋기 때문에 크게 나쁘다는 생각은 안 한다. 연예인들도 소위 '끼'가 많은 사람들 아닌가?

그러나 신끼가 심한 사람들은 신병(神病, 무당이 되는 과정에서 겪는 아픔)이라는 이유 없는 병으로 고통받곤 한다. 신병은 병원에서는 진단되지 않지만, 그 병을 앓는 이에게는 큰 고통을 준다. 그래서 신병은 '이유 없는' 병이다.

신병은 내 정신이 다른 영혼의 간섭을 받아 흔들리는 상태에서 발생한다. 그런데 대개 이를 치료하는 주체는 무당인 경우가 많다. 그러나 무당은 절대 신병을 치료하지 못한다. 만일 이것이 가능하다면 자신부터 무당이 되지 않았을 것이다.

스스로 무당의 굴레를 벗지 못하는 무당은 다른 사람의 신병을 치료할 능력도 없다. 이들은 신병에 걸린 사람으로 하여금 치료되는 것처럼 느끼게 할 뿐이다. 마치 작은 빨대로 음료를 빨면 답답하다가 큰 빨대를 사용하면 시원해지는 것처럼, 무당은 신끼의 통로를 더 크게 만들 뿐이다. 때문에 잠시 치료된 듯하지만, 근본적으로는 문제가 더욱 악화된다. 물론 무당은 신병으로 고통받는 이를 무당이 되게 해 줄 수 있다. 그러나 이는 치료가 아니지 않은가?

명상을 통한 정신적 안정은 다른 영적 에너지에 의한 간섭을 차단할 수 있다. 다시 말해 신병을 치료할 수 있다. 눈에

131

뭐가 보인다고 하면 예전 어른들은 헛것이 보이는 것이니 보약을 지어 먹으라고 했다. 이것은 보약의 힘으로 기운을 안정시켜 불안정한 상태를 극복하라는 뜻이다. 정신의 보약인 명상으로 마음을 안정시키면 외부의 간섭으로부터 영향을 받지 않는다. 실제로 나는 신끼가 있는 사람이 명상을 통해 신병을 극복하도록 도운 적이 있다. 이것이 가능한 것은 명상이 내면의 중심을 확고하게 북돋아 주기 때문이다.

2
명상에는 부작용이 없을까

명상이 긍정적인 것만은 아니다

최근에 명상이 유행하면서 명상의 긍정적인 면이 너무 강조되고 있다. 그러나 명상이 빠른 시간 안에 정신을 바꿀 수 있다는 것은 다른 한편으로 그에 따른 위험성도 존재할 수 있다는 것이다. 단지 정신의 문제는 육체의 문제에 비해 쉽게 파악되지 않기 때문에, 명상에는 문제가 없다는 식으로 잘못 이야기되고 있을 뿐이다.

사람들은 양약과 달리 한약에는 부작용이 없다고 한다. 하지만 양약과 마찬가지로 한약 또한 부작용이 있다. 다만 양약이 특정 성분만 추출한 것인데 비해, 한약은 식물과 광물 등여러 가지를 섞어 만든 것이다 보니 상대적으로 약성이 뚜렷하게 드러나지 않을 뿐이다. 부작용과 관련하여 양약과 한약이 보이는 차이는 재료의 선명성 정도에 따른 상대적인 차이일 뿐이다. 따라서 양약에는 부작용이 있지만 한약에는 부작용이 없다는 논리는 성립할 수 없다.

명상은 위험할 수 있다. 세 살 버릇 여든까지 간다는 속담이 있는데, 이런 정신과 마음 자세도 바꿀 수 있는 것이 명상이다. 이렇게 강력한 명상의 에너지가 제대로 컨트롤되지 않는다면 당연히 문제가 발생한다.

명상의 문제점

명상의 가장 큰 문제점은 사람을 폐쇄적으로 만들 수 있다는 것이다. 명상을 오래 한 이들은 명상이라는 내면의 동굴에 칩거하는 경우가 있다. 이들은 마치 달팽이처럼 껍질 속에서만 편안함을 느끼며, 껍질 바깥의 세상과 활발히 교류하는 것을 꺼린다. 이들은 자신의 생각과 판단을 잘 객관화시키지 못하며, 인간 관계에서 어려움을 겪는다. 대개 식견이 낮고 자신의 생각에 대한 고집이 강하기 때문에, 좋은 대화 상대가 되지도 못한다. 또 이들은 명상 중의 감각 통제 과정에서 경험하는 신통을 100% 사실로 받아들인다. "하나만 아는 사람은 하나마저 모르는 사람이다."라는 막스 뮐러의 말에 딱 맞는 사례가 바로 이런 사람들이다.

또한 이들은 정서 불안, 환청, 환시를 경험하기도 한다. 단전 호흡이나 기공처럼 육체와 연결된 명상을 할 때는 몸 일부에 문제가 생겨 고통을 겪거나, 신체의 특정 부위가 뜨겁거나 차가워지는 것을 경험하기도 한다.

　이런 여러 문제들이 모두 명상의 부작용이다. 명상이란 생각보다 위험한 양날의 검인 셈이다.

위험을 조장하는 명상 지도자들

인도의 어떤 수행자는 물구나무서는 명상을 가르쳤다. 하지만 이것은 사기다. 물구나무를 장시간 서게 되면 뇌의 혈압이 상승하면서 뇌세포가 파괴된다. 이렇게 되면 자연스럽게 생각이 평안해지며, 뇌세포 파괴 과정에서 분비된 엔돌핀 때문에 황홀경을 경험하기도 한다. 이렇게 느끼는 행복은 바보의 행복에 지나지 않는다. 깨달음을 얻은 초탈한 사람이 되는 것이 아니라, 현실을 제대로 인지하지 못하는 무분별한 사람이 되는 것이다. 이런 식의 사기는 생각보다 많다.

　중국의 여러 황제가 장생불사를 위해 먹었던 단약 때문에 죽은 사실은 잘 알려져 있다. 이런 일은 진시황에서 청나라 옹정제에 이르기까지 2천 년 동안 반복되었다. 어떻게 이런 어처구니없는 일이 가능했을까? 그것은 불사약이라는 단약이 수은·납·유황 같은 중금속을 재료로 했기 때문이었다. 이런 단약을 먹으면 중금속 중독으로 인해 환각에 빠지게 되는데, 당시 중국인들은 이것을 신선 세계와 연결되는 신비한 경험으로 판단했다. 불사를 위해서만이 아니라, 환각이라는 매

135

"속도보다 방향이
중요하다."는 말은
명상에도
그대로 적용된다.

력적인 체험 때문에도 황제는 단약을 끊기 힘들었을 것이다.

물론 명상은 단약을 복용하는 것과는 다르다. 그러나 실제가 아닌 현상을 실제라고 생각하게 만들 위험성은 명상에도 있다. 따라서 명상은 무조건 열심히 배울 것이 아니라, 합리적인 판단을 해 가면서 배워야 한다. "속도보다 방향이 중요하다."는 말은 명상에도 그대로 적용된다.

검증된 명상법을 선택하라

나는 명상을 배우려는 사람들에게 '오래된 방법'을 배우라고 조언한다. 연원이 깊고 오래된 수행법은 임상 시험을 통과한 안전한 방법이기 때문이다. 약으로 친다면 임상 3상까지 치른 안전한 약이다. 그런데 오래된 방법은 대부분 효과가 빠르지 않다. 오랫동안 깎이는 과정에서 안정성을 중시하는 쪽으로 발전했기 때문이다. 경험 많은 뛰어난 선생의 지도를 받지 않는다면, 전통적인 명상법부터 배우는 것이 가장 현명하고 타당한 방법이다.

전통적인 명상법이 변화의 속도보다 변화의 안정성에 주안점을 두는 것과 달리, 새로운 명상법은 변화의 안정성보다 변화의 속도에 주안점을 둔다. 전통적인 명상법이 학교의 공교육 같다면, 현대의 새로운 명상법은 족집게 과외 같다고나 할까? 새로운 명상법은 빠른 효과라는 측면에서는 전통적인 명상법보다 우월할 수밖에 없다. 후발 주자는 선발 주자가 갖지 못한 차별화된 장점을 가져야만 선택받을 수 있기 때문이다. 현대에 새롭게 만들어진 명상법이 전통적인 명상법과 같은 정도의 효과만을 준다면, 누가 새로운 명상법에 관심을 갖겠는가?

하지만 이런 빠른 효과는 새로운 명상법이 갖고 있는 위험 요소이기도 하다. 나는 남방불교의 수행인 위빠사나도 경계한다. 위빠사나는 그들의 말처럼 전통적인 수행법이 아니라, 20세기 초에 미얀마에서 만들어진 새로운 수행법이기 때문이다. 만들어진 지 불과 100여 년밖에 되지 않은 수행법이라면, 아직 임상 3상을 통과했다고 보기에는 무리가 있다. 남방 불교를 배우려는 이들이 남방 불교 최초 전파지인 스리랑카로 가는 데 반해, 위빠사나를 배우려는 이들은 유독 미얀마로 가는 것도 위빠사나가 미얀마를 중심으로 새롭게 만들어진 수행법이기 때문이다.

물론 선 불교 역시 중국을 중심으로 하는 동아시아의 수행법이다. 하지만 선 불교는 당나라 때부터 무려 1,400년 동안 임상 시험을 거쳐 온 안전한 방식이다. 중국의 선 불교는 12세기에 대혜 종고(大慧 宗杲, 1089~1163)에 의해 간화선으로 개량되지만, 간화선 역시 그 이후로 지금까지 900년 정도에 걸친 임상 시험을 거쳐 왔다. 임상 시험 기간이 고작 100년밖에 되지 않는 위빠사나와는 큰 차이가 있는 것이다.

안전하고 효과적인 명상

'명상'이라는 말은 '가전제품'이라는 말과 유사하다. '가전제품'이라는 카테고리 안에 냉장고·세탁기·TV 등 다양한 종류의 제품들이 존재하는 것처럼, '명상'이라는 카테고리 안에도 수백 가지의 수행법이 존재한다. 하지만 굳이 명상 마스터가 될 것이 아니라면, 실생활에 필요한 명상만을 가볍게 배우면 된다. 이렇게 하면 엉뚱한 부작용을 가져오는 명상의 역기능은 억제하고, 실생활에 유용한 명상의 순기능은 활성화시킬 수 있기 때문이다. 여러 명상법 중에도 가성비가 뛰어난 명상법이 따로 있는 것이다.

최근에는 '지대넓얕'이라는 말이 유행한다. '지적 대화를 위한 넓고 얕은 지식'을 줄인 이 말은 심오한 지식이 아니라 삶에 필요한 정도의 지식을 의미한다. 명상 역시 박사 논문을 준비하는 대학원생처럼 전문적으로 배워야만 하는 것이 아니라, 실생활에 필요한 정도만 배우면 된다.

명상은 두 가지 부류의 현대인들에게 특히 필요하다. 첫째는 번아웃에 빠지는 일 없이 스트레스를 극복하며 자존감을 키우고 싶은 수험생·취준생·직장인이다. 둘째는 고독감과 우울감에 빠지는 일 없이 충만하며 행복한 삶을 살고 싶은 노인들이다. 물론 어떤 사람들은 '환갑도 청춘'이라고 강변한다. 하지만 이런 생각은 현실을 회피하는 것일 뿐, 문제 해결에는 전혀 도움이 되지 않는다. 이 두 가지 부류의 현대인들은 진지하고 전투적인 명상이 아니라 '지대넓얕' 정도의 명상만 배우면 충분하다.

3
우리의 본진은 현실에 있어야 한다

얼굴보다는 내면이 아름다워야 한다는 말

"진정한 아름다움은 얼굴이 아니라 내면에 있다."는 말이 있다. 이것은 아쉬운 사람들끼리 서로에게 건네는 위로의 말은 될지언정 현실에 부합하는 말은 아니다. 인정하고 싶지는 않지만 "이쁘면 다 용서된다."는 말이 현실에 더욱 부합하는 것이 사실이다.

만일 외면의 아름다움보다 내면의 아름다움이 더 중요하다면, 인성 교육이나 예절 교육에 사람들이 미어터지지 왜 알바하고 적금 부어 가면서까지 성형을 하겠는가? 이런 류의 사기(?)는 "대학 가면 살 빠진다", "대학 가면 애인 생긴다", "땅에 떨어진 것도 3초 안에 주워 먹으면 괜찮다", "맛있게 먹으면 0칼로리" 등등 다양하다. 그러나 한결같이 근거 없는 말들일 뿐이다.

물질을 초월한 듯한 거짓

명상 분야에도 이런 거짓이 난무한다. 포털 사이트의 낚시성 제목보다 더 유서 깊은 구라(?) 전통이 명상 분야에도 버젓이 존재하는 것이다. 정신이야말로 본질적이고 중요한 것이며 물질은 천하다는, 명상 분야의 상투적인 말도 그러한 거짓의 한 예다.

이런 말을 하는 사람들은 크게 두 가지 부류다. 첫째는 진짜 명상에 아편처럼 매몰되어 현실감을 잃어버린 사람들이다. 둘째는 말은 그렇게 하지만 실제로는 남보다 더 물질에 집착하는 사람들이다.

물질에 초탈하기 위해서는 관점을 전환하는 것도 중요하지만, 실제로 가져봤느냐의 여부야말로 참으로 중요하다. 실제로 가졌다가 버린 사람은 정말로 집착이 없지만, 그렇지 않은 경우는 입으로만 버리고 몸으로는 취하는 법이기 때문이다. 이런 사람들은 종교인과 수행자 가운데 많이 보인다.

우리가 사는 곳은 매트릭스나 메타버스가 아니라 지금 이곳의 현실이다. 정신도 분명 중요하지만, 그보다 본질적인 것은 우리의 육체가 발을 붙이고 있는 현실이라는 점을 자각해야만 한다. 대부분의 사람은 이것에 동의하기 때문에 현실의 삶과 경제 생활에 집중한다. 그런데 명상에 빠진 사람들은 그런 것들이 무가치하다며 자신들만의 집단 자위를 하고 있

는 경우가 많다.

정신이 물질에 비해 더 고등할 수는 있다. 하지만 아무리 고등한 정신이라도 물질에 기반하지 않고서는 존재할 수 없다. 마치 육식 동물이 초식 동물보다 상위 포식자지만, 초식 동물이 존재하지 않는다면 육식 동물 또한 존재할 수 없는 것처럼 말이다. 그러므로 무조건 물질의 가치를 폄하할 것이 아니라, 일단 물질의 가치를 온전히 인정한 다음에 정신의 가치를 주장하는 것이 타당하다.

붉은 악마가 제아무리 한국 국가대표 축구팀을 응원한다 하더라도, 한국 팀이 브라질 팀이나 독일 팀을 이기기는 어렵다. 아이돌 팬들은 온 마음을 다해 자신이 좋아하는 아이돌을 생각하지만, 그들이 실제로 아이돌과 맺어지는 것은 요원한 일이다. 만일 누군가가 열심히 도를 닦아 축지법이나 하늘을 나는 신통을 익혔다고 해도, 실제로 멀리 이동하기에는 비행기를 타는 쪽이 더 편하고 빠를 것이다. 설령 철새라 하더라도 비행기를 탈 수만 있다면, 먼 거리를 고되게 날기보다는 그냥 비행기 티켓을 사고 싶을 것이다. 황영조 같은 마라토너라도 실제로 이동할 때에는 자가용을 타는 법이다. 정신이 물질을 온전히 통제하지 못한다는 것은 분명하다. 정신이 물질보다 더 고등할 수는 있어도 현실에서 정신이 물질보다 더 유효하기는 어렵다.

관점을 바꾼다고 현실이 바뀔까

'제 눈에 안경'이라는 말이 있다. 칸트 식으로는 '인식의 주체가 인식의 대상을 결정한다.'고 말할 수 있겠다. 생각이나 관점의 변화에 따라, 대상에 대한 인식도 변한다는 것이다. 이를 주관에 입각한 미학적 판단이라고도 한다.

그러나 생각이 현상의 본질을 바꿀 수는 없다. 아무리 자기 최면을 걸고 관점을 바꾼다고 하더라도 먹는 것을 줄이지 않으면 다이어트는 성공하지 못한다. 명상은 둘째치고 극심한 스트레스조차 다이어트에는 큰 도움이 되지 않는다. 바로 이 부분에 주목해서 명상을 이해해야만 한다.

극강의 명상 마스터라면 정신으로 물질을 제어하는 경지에 오를 수도 있다. 나 또한 명상 만능주의자로서 그런 생각을 한다. 그러나 그 정도의 경지에 오를 수 있는 확률은 로또에서 1등에 당첨될 확률만큼이나 낮다. 그렇게 될 가능성 자체가 존재하지 않는 것은 아니지만, 나 자신이 그렇게 될 가능성은 사실상 없다.

따라서 정신이 물질 위에 있다고 생각할 것이 아니라, 정신이 물질을 보완한다고 생각해야 한다. '정신일도 하사불성(精神一到 何事不成)', 즉 "정신을 통일하면 이루지 못할 일이 없다."고들 이야기한다. 하지만 현실에서는 제아무리 정신을 집중해 봤자 바늘 하나도 공중에 띄우지 못한다. 이것이 현실이

146

다. 고도의 명상이라 하더라도 일반적으로는 손가락 하나보다도 위력이 약하다.

로또를 사더라도 1등에 당첨될 확률은 거의 없다. 하지만 로또를 사면서 재미를 느끼고 희망을 가질 수 있다면, 그것만으로도 1,000원을 지불할 가치가 있다. 영화나 드라마는 허구일 뿐이다. 하지만 영화나 드라마를 보면서 기분이 전환되고 삶의 활력을 느낄 수 있다면, 그것만으로도 시간을 들여서 볼 가치가 있다.

현실의 삶 속에서 명상이 할 수 있는 역할에 대한 기대도 이 정도 수준으로 갖는 것이 좋다. 그렇게 할 때 명상은 충분히 이롭고 훌륭한 기제가 된다. 이 점을 이해하는 것이 중요하다.

살아 있을 때의 정신은 부캐일 뿐이다.

스타크래프트는 1998년에 출시된 이래 장장 25년에 걸쳐 롱런하고 있다. 스타크래프트가 유행하면서 PC방이 전국을 뒤덮었고, 인터넷 속도가 올라갔다. 'e스포츠'라는 개념이 새롭게 등장한 것에도 스타크래프트의 영향이 컸다.

스타를 하면 본진이 있고 멀티가 있다. 멀티는 본진에서 갈라져 나간 확장 영역으로, 주로 자원을 채취하기에 유리한 정도의 방어 시설과 병력이 투입된다. 설혹 멀티가 밀리더라도 본진이 멀쩡하면 게임은 계속 이어질 수 있다. 멀티는 본진에 비견될 수 없기 때문이다.

요즘 인터넷상에는 주 캐릭터와 부 캐릭터, 속칭 '주캐'와 '부캐'가 있다. 현실 세계는 '주캐'이고 본진이며, 명상의 세계는 '부캐'이고 멀티일 뿐이다. VR이나 AR처럼, 명상의 세계는 현실이 아닌 가상임을 직시할 필요가 있다. 다만 명상의 세계가 순전한 허상이기만 한 것은 아니다. 명상은 현실에 기반하고 있으며, 명상에 따른 이익도 가상 세계가 아닌 현실 세계에서 작용한다.

아무리 고등한 정신이라 하더라도 현실 세계에서는 물질을 기반으로 작동한다. 이런 점에서 보더라도 명상은 현실과 유리된 것이어서는 안 되며, 오히려 삶을 풍요롭고 행복하게 만드는 유효적절한 수단이어야 한다. 삶에서의 명상은 어디까지나 수단일 뿐 결코 그 자체가 목적이 되어서는 안 된다. 일상의 삶을 살아가는 현대인들이 그 자체가 목적인 명상에 몰두한다면 현실을 관통하는 삶을 살기 어렵다. 그러한 명상은 현실 생활에서의 패배를 겪게 하고, 그에 따른 스트레스만 증폭시킬 뿐이다. 출가한 승려와 같은 전문 수행자가 아니라면, 물질을 초월한 정신에만 집착해서는 안 된다.

꿈꾸는 것을 아는 자의 여유로움

명상은 복잡한 삶 속에서 어떻게 우리를 도울 수 있을까? 우리의 삶에는 실로 다양한 스트레스 요소들이 존재한다. 의사들은 병의 원인을 설명할 때 흔히 스트레스를 언급한다. 그리고 "스트레스 받지 않도록 하라."는 주문을 한다. 하지만 인간인 이상 스트레스 없이 사는 것이 가능할까?

스트레스를 극복하는, 아니 좀 더 정확히 말하면 스트레스를 넘어서는 해법이 명상에 있다. 가끔 우리는 꿈속에서 그것이 꿈이라는 것을 자각한다. 마치 연극 배우가 어떤 배역을 연기하면서도 그 배역으로부터 스스로를 분리시키듯, 우리는 꿈을 꾸면서도 그 꿈속 세계를 현실 세계와 분리시킬 수 있다. 그러한 분리를 하고 나면 꿈속의 우리는 꿈속 세계에서 일어나는 모든 일에 대해 여유롭게 대처할 수 있다. 그때 우리는 꿈속 세계에서 벌어지는 골치 아픈 일들을 실제 상황으로 받아들이지 않을 수 있다.

진정한 메소드 연기란, 배역과 하나 되면서도 배역과 분리되어 관찰하는 자신을 가져야만 한다. 그래야 자신이 하는 연기의 문제점을 분석해서 스스로의 연기력을 발전시킬 수 있다. 올리비아 핫세는 17세였던 1968년에 찍은 영화 〈로미오와 줄리엣〉으로 단숨에 스타덤에 올랐다. 하지만 줄리엣 배역에 매몰되어 연기 변신에 실패하면서, 그 이후로는 특별히 인상적인 연기를 하지 못했다. 연기자에게 배역은 일체화의 대상이 되어야 하는 동시에 타자화의 대상이 되어야 하는 이중적인 것이다. 어떤 한 배역에 매몰되지 않고 여러 배역에 따라 능수능란하게 변신할 수 있는 연기자야말로 넓은 연기 스펙트럼을 가지는 최고의 연기자다.

꿈을 꾸면서 그것이 꿈인줄 아는 사람 역시 이와 같다. 불교에서는 이를 이 세상에 물들지 않으면서 중생을 구제하는 보살에 비유하곤 한다. 연꽃이 진흙탕 속에서도 청정한 꽃으로 피어나는 것처럼, 더러움을 벗어나지 않는 깨끗함이야말로 진정 중요한 것이다.

불교는 이런 이중 구조를 진제(眞諦, 실상)와 속제(俗諦, 허상)로 설명한다. 진제의 관점에서 본다면 꿈속 세계의 모든 것은 실체가 없는 허망한 것일 뿐이다. 하지만 속제의 관점에서 본다면 꿈속 세계의 모든 것은 적어도 꿈속에서는 나름대로 의미를 갖는다.

우리는 삶이라는 꿈을 꾸면서도 그것이 꿈인 줄 알아야 한다. 이럴 때 우리는 삶에서 경험하는 여러 가지 일들에 대해 평정심을 가지고 대응할 수 있으며, 나아가 문제를 해결하고자 하는 투쟁 의지를 더욱 강력하게 발휘할 수 있다. 햄릿 역을 맡은 배우는 그 자신이 햄릿이 아니기 때문에 더욱 더 배역에 몰입하여 "죽느냐 사느냐, 그것이 문제로다."라고 절규할

수 있는 것이다.

현실의 명상은 강 건너 불구경하듯이 삶을 관조하는 것이 아니다. 삶을 그저 관조하기만 하는 것은 현실은 무가치한 것이라는 방어 기제로 스스로 자위하는 것일 뿐이다. 이런 태도를 가진 사람은 패배자·낙오자로서 하류 인생을 살아갈 수밖에 없다. 이런 사람들은 삶이라는 꿈의 본질은 이해했을지 몰라도 삶이라는 꿈의 작용은 이해하지 못한 것이다. 삶은 무가치하기 때문에 가치 있다. 리니지 게임은 가상이기 때문에 재미있고, 투쟁 욕구까지 불러일으킨다.

진제인 실상과 속제인 허상은 동시에 흘러간다. 꿈을 깨지 않은 상태에서의 '주캐'는 허상 세계인 꿈속에 있을 뿐이다. 이것을 이해한다면 삶을 관통해서 승리하게 만드는 투쟁의 명상을 이해할 수 있다. 명상은 장자(莊子)의 친구인 혜시(惠施)가 장자를 비꼬아서 말하는 '크기는 하지만 쓸모 없는' 것이 아니라, 현실을 헤쳐 나가게 하는 가장 적실하고 강력한 무기다.

3 장

명상으로
다스릴 것들

1
스트레스

현대 사회에서 '스트레스'라는 단어는 전가(傳家)의 보도(寶刀) 와 같다. 스트레스의 대상은 거의 모든 것이 될 수 있지만, 스 트레스 자체에 대한 명확한 개념 규정은 쉽지 않다. 스트레스 의 핵심에는 뭔가가 뜻대로 되지 않음으로 인해 받는 괴로움 이 있다. 세상에는 좋은 일에도 뜻대로 안 되는 부분이 있고, 나쁜 일에도 뜻대로 되는 부분이 있기 마련이다. 따라서 현실 에서 스트레스를 받지 않고 살아가는 것은 불가능하다.

그러나 명상을 통해 현실의 삶을 무대 위의 연기처럼 받아 들일 수 있다면, 어떤 사건을 경험하더라도 그 경험으로 인한 괴로움은 겪지 않게 된다. 투명한 유리에 대해서는 빛줄기가 아무런 영향도 주지 못하고 그냥 투과해서 나가는 것과 같다.

명상을 하는 사람이라고 해서 스트레스 자체를 경험하지 않는 것은 아니다. 다만 그는 자신이 경험한 스트레스로부터 부 정적인 영향을 받지 않는다. 마치 비극을 연기하는 연기자가 외

적으로는 슬퍼하고 고뇌하더라도, 내적으로는 평화로울 수 있는 것처럼 말이다. 연기자는 자신이 연기하는 배역과 분리되어 있기 때문에, 슬프지만 슬픔을 넘어서 있다. 명상하는 사람 역시 스트레스를 경험하지만 스트레스를 넘어서 있다. 바람이 그물을 걸림 없이 돌파하는 것처럼, 명상을 하는 사람은 스트레스를 걸림 없이 돌파할 수 있다. 스트레스를 회피하는 것이 아니라, 정면으로 관통하면서도 그것으로부터 영향을 받지 않는다.

물론 스트레스를 받지 않는 것이 반드시 좋다고만 하기는 어렵다. 적절한 스트레스는 사람을 각성시키는 원동력이 되기도 한다. 시험 전날에 벼락치기 공부를 하다 보면 "내가 이렇게 머리가 좋구나!"라는 생각을 하게 된다. 시험의 스트레스가 사람을 엑스맨으로 각성시킨 결과다. 이런 면에서 본다면 스트레스를 통한 승화 효과를 인정할 수 있다.

문제는 과도한 스트레스 속에서 허우적거리다가 거기에 매몰되어 버리는 경우다. 명상을 하면 바로 이런 순간에 그물에 걸리지 않는 바람처럼 스트레스를 넘어설 수 있으며, 스트레스와 싸우는 데 소모되는 시간과 에너지를 최소화시킬 수 있다. 이렇게 아긴 시간과 에너지를 보다 생산적이고 진취적인 일을 하는 데 온전히 사용한다면 그 효과가 참으로 클 것이다. 스트레스를 무력화시키고 성공의 길을 향해 더 힘차게 나아가게 하는 것, 이것이 바로 현실의 명상이 가지는 유용성이다.

2
욕망

명상과 욕망은 상충한다는 생각을 가지기 쉽다. 그러나 명상이나 수행을 하는 것도 사실은 또 다른 욕망의 소산일 뿐이다. 욕망의 종류가 다를 뿐, 살아 있는 모든 인간은 욕망을 안 가질 수가 없다. 다만 중요한 것은 그 욕망이 나의 발전이나 공공의 이익에 부합하는 것인지, 그리고 내가 잘 컨트롤하여 긍정적인 방향으로 승화시킬 수 있는 것인지의 여부다.

불교에서는 잘못된 욕망을 갈애(渴愛)라고 한다. 갈애는 목마른 사람이 갈증을 이기지 못해 바닷물을 마시게 되는 것을 말한다. 바닷물을 마시면 잠시 동안은 갈증을 해소할 수 있지만, 곧 염분으로 인해 더 극심한 갈증에 시달리게 된다. 따라서 갈애는 사람을 파멸로 인도하는 욕망이다. 붓다가 『잡아함경』에서 "노새는 새끼를 배면 죽고, 갈대는 속이 차면 마르게 된다."고 한 것은 이를 말한다.

하지만 내가 잘 컨트롤해서 긍정적인 방향으로 승화시킬

수 있고, 그럼으로써 나를 발전시켜 줄 수 있는 욕망이라면 큰 문제가 없다. 이런 욕망은 명상과 충돌하지 않는다. 오히려 명상은 이런 욕망이라는 기계가 활발히 움직일 수 있게 한다. 명상은 욕망을 없애 주는 것이 아니라, 올바른 욕망의 성취를 돕는 유용한 도구다.

어떤 이들은 성공을 추구하는 세태를 비판하며 '내려놓음'을 강조한다. 그러나 성공하지 못한 사람이 뭔가를 내려놓는다는 것은 특수한 경우가 아니고서는 불가능하다. 크게 성공한 사람만이 진실로 내려놓을 수 있고, 크게 가진 사람만이 진실로 버릴 수 있다. 인간은 만족에 이르지 못했을 때 그릇된 욕망의 노예가 된다. 사람은 만족을 경험한 다음에야 그릇된 욕망의 지배에서 벗어날 수 있으며, 진실로 내려놓고 진실로 버릴 수 있게 된다. 성공은 바로 이런 경지에 도달하기 위해 필요하다. 명상은 올바른 욕망의 성취를 도움으로써 성공과 그에 따른 만족이라는 프로세스까지 완결시켜 준다.

명상은 농사로 치면 땅의 지력이나 밭에 주는 비료와 같다. 지력이나 비료는 그 자체가 농작물인 것은 아니지만, 농작물이 풍성하게 자라도록 한다. 또한 지력이나 비료를 적절히 조절하면 농작물이 불필요하게 웃자라는 것도 막을 수 있다. 명상은 올바른 욕망의 실현, 성공, 만족이라는 농작물이 풍성하게, 그러면서도 적절한 정도로 자라나게 하는 지력이고 비료다.

<u>3</u>
번아웃

나태하게 사는 것도 문제지만 일 중독, 즉 워커홀릭도 문제다. 나 역시 워커홀릭이라는 말을 자주 듣곤 한다. 나는 보통 4~5가지 일을 동시에 진행하며 관리해 나간다. 단행본을 출판할 때도 하나의 책이 나온 다음에 다른 책 작업에 들어가지 않는다. 이러다 보니 보통 4권 정도의 책이 여러 출판사에서 동시에 작업되고, 2~3달에 1권씩 책이 나오게 된다. 이는 논문 작업도 마찬가지다.

그런데 기가 약한 사람이 워커홀릭으로 살면 에너지 고갈로 다운되곤 한다. 마치 펌프를 동원하여 과도하게 물을 뽑아내면 우물이 고갈되는 것과 비슷하다. CPU나 메모리의 성능이 떨어지면 PC가 작동을 멈추면서 다운되는 것과도 유사하다. 내 주변에는 이런 에너지 고갈을 경험한 사람들이 제법 있다. 그중에는 박사 논문을 쓴 후 이명(耳鳴)이 생기고 갑상선병에 걸렸다는 이가 있었다. 논문은 더 이상 쳐다보기도 싫다

는 두려움과 혐오가 그런 식으로 나타난 것이다. 또 말 그대로 뻗어 버려서 아무 일도 못 하겠다며 무기력증을 호소하는 이도 있었다.

나는 이것을 에너지가 부족하기 때문에, 즉 정신적으로 '저질 체력'이기 때문에 나타나는 현상이라고 본다. 나는 현재도 학교에서 하루에 9시간 수업을 한다. 예전에는 12시간 수업을 하기도 했다. 어떤 이들은 그게 가능하냐고 하지만, 명상을 통해서 지속적으로 에너지를 공급받는 시스템을 갖추면 큰 문제가 없다.

2026년에 우리나라는 전체 인구의 20% 이상이 65세 이상인 초고령 사회에 진입하게 된다. 또 2030년이 되면 우리나라 여성의 기대 수명이 90세를 돌파할 것으로 예측되고 있다. 이런 점에서 본다면, 초고령 사회로의 진입은 당연한 것일 수 있다. 그러나 출생률을 높여 65세 이상의 고령자가 20%가 안 되게 유지한다면 초고령 사회는 영원히 오지 않는다. 마찬가지로 언제나 고갈되지 않는 에너지 시스템을 확보한다면, 아무리 워커홀릭 생활을 하더라도 에너지가 고갈되는 일은 없다. 명상을 통해 고갈되지 않는 에너지 시스템이 확보되면서 문제가 해결되기 때문이다.

4
고독과 우울

현재 우리나라의 1인 가구는 약 665만 가구다. 비율로는 32%나 된다. 과거에 대표적인 형태의 가구는 4인 가구였지만, 오늘날 우리나라를 대표하는 형태의 가구는 1인 가구인지도 모른다. 이런 '홀로'의 환경에서 고독감을 느낄 때 사람들은 반려동물을 키우게 된다. 이 때문에 국내의 반려동물 가구는 600만 가구가 넘고, 반려인은 무려 1,500만 명에 이른다. 이런 수치는 오늘날 우리 사회에 고독감이 얼마나 널리 퍼져 있는지를 보여 준다.

고독과 우울은 서로 통하는 바가 있다. 고립된 상황에서 오는 고독, 혹은 타인의 관심을 받지 못하는 데서 오는 고독은 우울감으로 이어질 수 있기 때문이다. 하지만 고독과 우울이 반드시 통하는 것은 아니다. 어떤 사람들은 혼자여도 우울감을 느끼지 않는다. 심지어 어떤 사람들은 고독 자체를 즐기기도 한다. 주위를 둘러보면 등산이나 여행을 혼자 가는 사람도 더러 있다. 호텔을 잡아 혼자 호캉스를 즐기는 사람도 있다. 재미있는 것은 이들 중에는 집에서도 혼자 사는 사람들도 있다는 사실이다. 이들은 혼자 살다가 혼자 호캉스를 즐기러 간다. 이런 사람에게 고독은 우울감으로 연결되는 것이 아니라, 그저 즐거움일 뿐이다. 나 역시 태생적으로 고독해도 우울감을 느끼지 않는다.

『노자(老子)』 25장에는 "홀로 존재하지만 바뀌지 않으며, 두루 움직여도 위태롭지 않다(獨立而不改 周行而不殆)."는 말이 있다. 명상하는 사람은 다른 사람과 함께 있을 때 거리낌이 없고, 홀로 있을 때도 스스로의 내면을 컨트롤하기 때문에 외롭지 않고 화락하다. 이들에게 고독은 우울감이 아니라 평안과 행복으로 이어진다.

명상은 누구나 배워야 할 것이지만 특히 노인들이 배울 필요가 있다. 노인들은 고독하게 살 확률이 높기 때문에 반드시 명상을 배워 자신을 조절할 줄 알아야 한다. 그렇지 않으면 우울감에 시달리며 한숨만 쉬는 슬픈 노년을 보내게 될 수 있다.

나는 평생을 '관종'처럼 살아왔지만 명상을 하고 있기에 일반 관종과는 다르다. 나도 사람들의 관심을 받으면 기쁘다. 하지만 나는 사람들의 관심을 받지 못하더라도 개의치 않는다. 내게 있어서 관종은 본진이 아닌 멀티며, '주캐'가 아닌 '부캐'일 뿐이기 때문이다. 그래서 나는 주변에서 관심을 못 받는 다고 해서 우울해 하는 법이 없다.

『논어(論語)』「학이(學而)」에는 "군자는 근본에 힘쓰며, 근본이 바로 서야 도가 생긴다(君子務本 本立而道生)."라는 말이 나온다. 인간에게 있어서 근본은 주인공인 '나'다. 타인의 관심도 중요하지만, 이는 근본이 아닌 말단에 불과하다. 근본, 즉 나의 내면을 확립하는 데 힘을 쓰면 우울감은 신기루 같이 사라진다. 명상은 근본을 확립시켜 줌으로써 우울감을 극복할 수 있게 해 준다.

5
불안과 좌절

나는 성지 순례단을 인솔하는 경우가 많다. 내가 운영하는 유튜브 채널과 네이버 밴드의 이름인 '쏘댕기기' 역시 싸돌아다닌다는 의미다. 내가 주로 다니는 곳은 중국과 인도 또는 동남아의 불교 국가들이다.

성지 순례 때 내가 일행들에게 해 주는 말 중 하나가 "차창 밖 풍경을 보면 왠지 허전하지 않냐?"는 것이다. 이런 느낌이 드는 이유는 끝없이 펼쳐진 지평선 때문이다. 우리나라는 어디를 가도 산이 있기 때문에 풍경에 고저의 리듬감과 푸르름이 존재한다. 이에 비해 인도나 중국 등은 가도 가도 광막한 평야인 경우가 많다. 이로 인해 뭔가 익숙하지 않은 불안함을 느끼게 된다.

인간은 고도의 문명을 발전시켰지만 그래봤자 잘 진화된 동물일 뿐이다. 이 때문에 사람들은 규격화된 도시 생활에서 안정감과 동시에 불안감을 느낀다. 이런 불안감은 현대인이 경험하는 이유 없는 초조함, 돌연한 공황장애, 이유 없는 분노의 원인이 되기도 한다.

명상은 불안을 극복하는 가장 좋은 해법이자, 황금 갑옷과 같은 최고의 방어 기제다. 무술을 하는 사람들은 "자세를 낮춰 무게 중심을 아래에 두라."는 말을 종종 한다. 이와 같은 안정감을 정신에 주는 것이 바로 명상이다.

현대인들 중 상당수는 경차가 고속도로를 과속으로 달릴 때 나타나는 떨림과 날림 현상을 정신적으로 경험한다. 항상 예민하게 신경이 곤두서 있는 그들은 작은 일에도 분노하고 감정적으로 상처받는다. 그러나 명상을 하게 되면 한결 평정심을 갖고 살아갈 수 있다. 대형차가 속력을 낼수록 바닥으로 가라앉으면서 더욱 안정적으로 달리게 되는 것과 비슷하다.

우리나라는 여러모로 발전된 선진국이 되었다. 이것은 사람들이 과거에 비해 더 많은 일을 더 효율적으로 처리해야 한다는 것을 의미한다. 그래서 오늘날의 젊은 세대들이 짊어진 정신적인 삶의 무게는 과거 세대의 그것보다 더 무겁다. 하지만 배고픈 시대를 살았던 세대는 요즘 젊은 세대가 겪는 이런 고통을 잘 이해하지 못한다. 그들은 "배가 불러서 저런다."라면서 젊은 세대를 마땅치 않게 생각하기 일쑤다.

그 결과 오늘날의 많은 사람들이 정신적으로 고통받고 있다. 명상은 이런 고통에 효과적으로 대응하게 해 줌으로써

힘든 상황을 버텨 낼 수 있는 지구력을 키워 준다. 강한 지구력이야말로 극심한 경쟁 사회에서 성공을 쟁취할 수 있는 지름길이다.

인생을 살다 보면 누구나 벽에 부딪히곤 한다. 그러나 벽을 만난다고 해서 모두 좌절하는 것은 아니다. 몽골의 기마병은 중국을 정복하는 과정에서 만리장성이라는 넘을 수 없는 벽을 만났다. 이때 그들은 만리장성을 무력으로 돌파하는 무모한 방법이 아니라, 동쪽으로 동쪽으로 진군해서 만리장성을 돌아가는 방법을 택했다. 그래서 몽골의 중국 지배 이후로 만리장성은 동쪽 끝을 넘어 바다 속으로까지 들어가게 된다.

인생의 벽을 만나게 되었을 때 누군가는 데미지를 감수하며 정면으로 충돌해 돌파하려고 하고, 또 누군가는 징기스칸 부대처럼 우회한다. 이들은 결국 문제를 극복하고 목적을 성취하게 된다. 그러나 또 다른 일부는 좌절하며 침몰하고, 더심한 이들은 화살을 자신에게 돌리며 자책하기도 한다.

붓다는 『잡아함경』「화살경(箭經)」에서, "두 번째 화살을 맞지 말라."고 했다. 첫 번째 화살은 이미 벌어진 현실을 말한다. 두 번째 화살은 이 문제를 처리하는 과정에서 발생하는 또다른 문제를 말한다. 우리 속담에 "호미로 막을 일을 가래로 막는다."는 것이 여기에 해당한다. 보다 구체적으로 말해 두번째 화살은 좌절을 말한다. 명상은 스스로를 확립하고 근본을 북돋우는 일이다. 명상을 한다고 해서 발생하는 사건 자체를 피할 수는 없다. 하지만 명상을 하면 그 사건으로 인해 안으로 무너지게 되는 좌절은 경험하지 않을 수 있다.

두 번째 화살을 안 맞는 것은 현실이라는 냉혹한 현장에서 매우 유용한 방패로 작용한다. 명상하는 사람에게 있어 문제는 언제나 외부에만 있을 뿐, 내면에는 존재할 수 없기 때문이다.

6
박탈감과 허무감

명상은 내면을 컨트롤하고 안정시킨다. 이런 점에서 명상은 모든 심리적 문제에 대한 효과적인 해법이 될 수 있다.

박탈감은 상대적인 문제라는 점에서 주관적인 측면이 강하다. 2007년은 공짜폰이 유행하던 시절이었다. 그런데 애플이 499달러와 599달러라는, 당시로서는 '미친' 가격에 아이폰이라는 스마트폰을 출시하였다. 스마트폰이 등장하면서 휴대폰 가격은 노트북 가격과 비슷해지게 되었다. 오늘날 신형 플래그십 스마트폰의 가격은 100~200만 원을 오간다. 사람들은 단순히 편리한 기능 때문만이 아니라 신형 스마트폰이 주는 만족감 때문에도 100만 원이 넘는 고가의 스마트폰을 찾는다. 어떤 물건을 사는 것을 통해 상대적 우월감을 느끼고 싶은 욕구가 스마트폰의 구매에도 작용하는 것이다.

이런 세태는 명품의 소비 추세에서 더욱 뚜렷하게 나타난다. 코로나 시대를 거치면서 많은 사람들이 경제적인 어려움을 겪었다. 그러나 아이러니하게도 명품 매출은 급성장했다. 오늘날 우리나라에서 명품은 소수 특권층만의 전유물이 아니다. 경제력이 변변치 않은 젊은이들 역시 그 어떤 만족감을 느끼기 위해 아르바이트를 하면서까지 명품을 사고 있다. 이는 애써 일하고 힘들게 절약해봤자 어차피 돈을 모아서 집을 사기는 힘든 현실에서 비롯된 현상이고, 명품이 인스타 등 각종 SNS에서 자신을 드러내는 수단으로 활용되면서 나타난 현상이다.

예전에는 '10억 모으기' 같은 것이 유행했지만, 요즘은 이런 이야기가 쏙 들어갔다. 커피값과 점심값으로 쓸 돈을 10년 동안 매일 모으면 1억이 된다는 식의 주장도 이제는 별로 매력적이지 않다. 절약을 통해 저축이 불어나는 속도가 자산 가격이 상승하는 속도를 따라잡지 못하기 때문이다. 허리띠를 졸라매고 적금을 부어 가며 앞만 보고 질주해도 서울의 주택 평균 가격인 11억을 모으기는 어렵다. 주택은 상속을 받지 않는 다음에야 소유하기 어려운 것이 되고 말았다. 이제 사람들은 집을 마련하겠다는 일념으로 피골이 상접하여 늙어 가느니, 차라리 즐기며 사는 편이 낫다고 판단하는 모양새다. 박탈감과 허무함이 만연한 시대가 된 것이다.

박탈감은 상대적 비교에서 비롯되는 감정이다. 박탈감은 다른 사람과의 비교에 집착하는 태도를 버리고 스스로의 자

존감을 키운다면 사라지기 마련이다. 명상을 통해 우리는 비교 대상이 없는 독립적인 자존감을 얻을 수 있다. 물론 자존감을 키운다고 해서 박탈감을 초래하는 상황 자체가 사라지는 것은 아니다. 하지만 자존감을 키우면 적어도 그 상황으로부터 박탈감을 느끼지는 않게 된다.

허무감은 무력감이다. 이는 뭔가를 위해 노력했지만 그것이 결국 실패로 끝났을 때 발생하기도 하지만, 일체의 대상을 타자화시키는 심리에 의해 발생하기도 한다. 일체의 대상을 타자화시키는 것은 나이가 들면서 체력과 정신력이 저하됨에 따라 발생하는 현상이기도 하다. 그런데 이런 태도는 요즘 젊은이들이 자신의 삶을 즐기는 한 방식이 되기도 한다. 경제적인 안정을 빨리 성취해서 30~40대에 은퇴하는 '파이어 족'에게 이런 허무감이 존재하는데, 여기에는 긍정적인 면도 있다.

허무감은 좌절에서 비롯되는 경우가 많다. 이런 허무감은 명상을 통해서 충분히 극복될 수 있다. 문제에 대한 봉착이라는 첫 번째 화살은 어쩔 수 없이 맞더라도, 명상을 하는 사람이라면 좌절이라는 두 번째 화살은 맞지 않는다. 설혹 좌절을 경험하더라도 그 좌절이 허무감으로 이어지지 않는다. 앞에서도 말한 것처럼 명상을 통해서 확보되는 것은 내적인 자존감이기 때문이다.

그렇다면 노쇠에 따른 허무감은 어떨까? 명상은 지금 이곳의 현실을 사는 것에 초점이 맞추어져 있다. 나는 "오늘은 우리가 살아갈 가장 젊은 날이다."라는 말을 자주 하곤 한다. 이 젊은 날을 가장 행복하게 즐기는 것, 이것 또한 명상의 키워드 중 하나다. 명상하는 사람에게는 노쇠에 따른 허무감에 사로잡힐 일이 거의 없다.

다만 노쇠와 관련하여 지나친 욕심을 내려놓고 자신을 타자화시키는 노력을 하는 것은 충분히 의미 있는 일이다. 이런 허무감이라면 긍정적인 면이 있는 허무감이므로 큰 문제가 없다. 파이어족과 같은 젊은 사람들이 느끼는 허무감 역시 새로운 나를 개발하는 데 긍정적으로 작용할 수 있다. '멍때리기'가 지친 뇌를 쉬게 하고 의식을 환기시키는 것처럼, 경제력을 갖춘 젊은이의 허무감은 새로운 세계관을 구축하는 데 기여할 수 있다. 이런 허무감에 창의력을 격발시키는 명상이 결합되면, 창조적인 삶을 통해 행복과 만족에 도달하는 것이 가능하다.

7
사랑의 아픔

사랑이라는 단어는 아픔과 행복이라는 두 얼굴을 가지고 있다. 불교에서는 모든 인간이 겪는 고통으로 생(生)·노(老)·병(病)·사(死), 즉 태어나고 늙고 병들고 죽는 고통을 든다. "태어나는 것이 고통이냐?"에 대해서는 문화권마다 관점이 다르다. 그러나 인도는 윤회론을 믿기 때문에 늙음과 병듦과 죽음의 원인이 탄생에 있다고 본다. 따라서 생을 넘어서는 불생(不生), 즉 윤회를 극복하여 태어남이 없도록 하는 것이야말로 완전한 행복이라고 본다.

그런데 불교는 생·노·병·사처럼 인간이면 누구나 겪는 보편적인 고통 외에 네 가지 고통을 더 말한다. 이 네 가지 고통은 구부득고(求不得苦)·오음성고(五陰盛苦)·원증회고(怨憎會苦)·애별리고(愛別離苦)다.

먼저 구부득고는 원하고 바라는 것을 성취하지 못하는 고통이다. 원하고 바라는 것의 대상은 돈이나 명예 또는 물건이나 이성 등 다양하다. 또 오음성고는 '나'라고 믿어지는 육체와 정신에 끌려다니는 고통이다. 우리는 '나'라고 믿어지는 육체와 정신을 통해 즐거움을 느낀다. 하지만 어떨 때는 아무것도 안 하고 그냥 잠수를 타거나, '아몰랑'을 시전하며 푹 쉬고 싶을 때도 있다. 오음성고는 '나'가 존재한다는 것 자체에서 오는 피로다.

원증회고와 애별리고는 각각 싫어하는 마음과 좋아하는 마음에서 비롯된다. 원증회고는 싫어하는 것과 어쩔 수 없이 만나야만 하는 고통을 말한다. 이에 반해, 애별리고는 이미 갖고 있는 좋아하는 것과 어쩔 수 없이 헤어져야만 하는 고통이다. 여기서 싫어하는 것이나 좋아하는 것은 사람이나 사물일 수도 있고, 지위나 재산일 수도 있으며, 상황이나 조건이나 환경일 수도 있다.

내가 좋아하는 것과 함께 있노라면 시간이 빨리 간다. 어떤 것이나 어떤 사람에 대한 사랑의 온도는 그것을 하거나 혹은 그 사람과 있을 때 시간이 얼마나 빠르게 가는지를 보면 명확해진다. 원증회고의 순간은 시간이 가장 느리게 가는 순간이다. 신혼여행의 시간이 꿈처럼 잠깐만에 흘러가는 데 반해, 국군 장병의 시간은 국방부 시계가 고장 난 것처럼 느리게 간다.

애별리고는 사랑의 긍정적인 면과 부정적인 면을 동시에

말한다. 쥔 손은 언젠가는 펴질 때가 있으니 그때의 고통을 경계하라는 말이다. 불교에서는 사랑의 긍정적인 측면도 마지막에는 다 사라지는 것이니, 집착할 것이 못 된다고 한다. 『삼국유사(三國遺事)』 「조신의 꿈」 이야기에는 승려인 조신(調信)이 등장한다. 조신은 자신이 연모하던 여인과 사랑을 이루어 아이들을 낳고 행복하게 산다. 그러나 나이 들고 가세가 기울자, 결국 부부는 헤어지고 각자 홀가분하게 제 갈 길을 가게 된다. 요즘의 결혼과 이혼도 이와 같지 않을까?

사랑의 긍정적인 면은 크게 문제 될 것이 없다. 다만 사랑이 식으면서 발생하는 문제는 많은 감정 소모와 심리적인 고통을 초래한다. 특히 아직 준비되지 않은 상황에서 일방적으로 통보받는 이별은 극심한 충격을 주기 마련이다. 명상을 하면 내적인 중심을 확립하고 자신을 타자화함으로써 객관적인 시각을 유지할 수 있게 된다. 이렇게 되면, 헤어지는 고통이 한결 완화된다. 명상은 사랑의 아픔을 극복하는 데에도 도움이 되는 것이다.

어떤 이들은 이런 해법에 별로 공감하지 못할 것이다. "그렇게 강 건너 불 보듯이 사랑을 하면 거기에 무슨 재미가 있나?"라고 그들은 물을 것이다. 하지만 그렇지 않다. 우리는 잘 만들어진 드라마를 볼 때 깊은 재미와 감동을 느낀다. 그러나 이를 현실과 착각하지는 않는다. 드라마가 끝나면 우리의 감정에 여운이 남기는 하지만, 그 여운이 우리의 감정을 완전히 지배하지는 않는다. 드라마의 주인공이 비극적으로 죽었다고 해서 그를 따라 자살하는 사람은 없다. 드라마의 비극이 우리의 삶과 서로 공존하면서 영향을 주더라도, 우리는 그 비극을 절대화시키지는 않는다. 이 점이 중요하다.

우리는 이런 저런 드라마를 볼 때마다 매번 새롭게 슬퍼하고 즐거워한다. 이것은 우리가 드라마를 보되, 그것을 타자화하면서 보기 때문이다. 드라마에 대한 타자화는 드라마의 재미를 반감시키는 것이 아니라, 새로운 드라마에서 새로운 재미를 계속 느낄 수 있게 한다. 만일 우리가 하나의 드라마를 보고 그 내용과 세계관에 완전히 매몰되어 버린다면, 우리는 더 이상 다른 드라마를 즐기지 못할 것이다.

사랑도 마찬가지다. 사랑을 하되, 그것을 타자화하면서 할 필요가 있다. 그때 우리는 더욱 즐겁고 열정적으로 사랑할 수 있다. 설혹 이별이 찾아온다고 하더라도 그에 따른 아픔을 한결 줄일 수 있다. 어떤 사람들은 이별의 고통을 이기지 못해 '환승 연애'를 하기도 한다. 그러나 이것은 문제를 해결하는 것이 아니라 문제에서 도피하는 것에 불과하다. 사랑을 타자화하지 않는 한, 사랑에 따른 아픔은 반복될 수밖에 없다.

연인에 대한 사랑만 사랑의 아픔을 가져오는 것은 아니다. 부모님이나 자식을 먼저 보내게 되었을 때에도, 반려동물이 죽었을 때에도 우리는 사랑의 아픔을 경험한다. 군대에 가거나 유학 또는 이민을 가게 되면 가족을 1년에 몇 번 정도밖에 보지 못한다. 어떤 경우에는 몇 년에 한 번 보게 될 수도 있다. 그런데 군 입대, 유학, 이민 등으로 인해 가족과 헤어지는 슬픔은 그렇게까지 크지 않다. 하지만 가족이나 반려동물을 다시 돌아올 수 없는 죽음의 강 너머로 보내고 나면 누구나 깊은 회한에 휩싸이게 된다.

이럴 때는 불교의 애별리고를 떠올려 보는 것이 도움이 된다. 물론 불교의 애별리고가 속세의 삶을 그대로 관통하지는 않을 수도 있다. 불교는 기본적으로 속세를 떠난 출가주의를 지향하기 때문이다. 하지만 모든 인간은 결국 혼자일 수밖에 없다는 실존의 문제를 짊어지고 있다. 그래서 불교의 애별리고는 인간의 본질적 차원에서 혹은 숙명적 차원에서 의미심장한 가르침이 된다.

『숫타니파타』는 불교의 가장 오래된 문헌 가운데 하나다. 이 경전에서 붓다는 무소, 즉 코뿔소의 비유를 들어 출가자의 삶이 속인들의 삶과 어떻게 다른지를 설명한다.

소리에 놀라지 않는 사자처럼,

그물에 걸리지 않는 바람처럼,

진흙에 더럽혀지지 않는 연꽃처럼,

무소의 뿔처럼 혼자서 가라.

만남이 깊어지면
사랑과 그리움이 생긴다.
사랑과 그리움에는 괴로움이 따르는 법.
사랑으로부터 근심 걱정이 생기는 줄 알고,
무소의 뿔처럼 혼자서 가라.

욕망은 실로 그 빛깔이 곱고 감미로우며,
우리를 즐겁게 한다.
그러나 한편 여러 가지 모양으로
우리 마음을 산산이 흐트려 놓는다.
욕망의 대상에는 이런 근심과 걱정이 있는 것을 알고,
무소의 뿔처럼 혼자서 가라.

여기서 "무소(코뿔소)의 뿔처럼 혼자서 가라."는 구절은 출가자의 길을 걸으라는 가르침이 아니라, 어디에도 걸리지 않는 자유와 내적인 독립을 찾으라는 가르침으로 보다 넓게 해석될 수 있다. 이때 "무소의 뿔처럼 혼자서 가라."는 구절은 사랑에 울고 웃는 우리들에게 많은 시사점을 준다.

8
노년의 회한

아무리 화려한 배우라도 나이가 들면서 찾아오는 무너짐을 피할 수는 없다. 한때 세계를 주름잡던 여배우들의 리즈 시절 사진과 환갑이 넘은 사진을 비교해 보면, 아무리 미모가 출중하고 재산이 많더라도 노화라는 숙명은 피할 수 없음을 실감하게 된다. 물론 마릴린 먼로처럼 요절한다면 영원히 젊은 모습으로 기억될 수도 있을 것이다. 그러나 이런 비극의 주인공이 아니라면, 언젠가는 우리 모두 늙어 가는 초라한 자신과 마주해야만 한다.

현재 한국 사람의 평균 정년은 49세라고 한다. 하지만 많은 이들이 70대까지 일을 하곤 한다. 노년에 대한 경제적 대비가 되어 있지 않다 보니, 노년이 되어서도 계속 일을 해야 하는 것이다. 물론 노인들에게 일은 삶의 활력이 되기도 한다. 하지만 그 일이 생계 유지를 위해 어쩔 수 없이 해야 하는 것이라면, 노인들이 일을 하면서 느끼는 회한의 무게는 크고 깊을 수밖에 없다.

명상은 노인의 빈곤 문제를 해결하지 못한다. 명상은 아이디어나 창의력을 북돋아 줄 수 있지만, 노인에게는 그것을 이용하여 돈을 벌 기회나 여력이 없다. 하지만 명상은 자존감을 강화시킴으로써 노인들에게 심리적 안정감을 줄 수 있다.

노인들이 겪는 심리적인 고통은 타인에 대한 의존 심리에서 비롯되는 경우가 많다. 어떤 노인들은 자식들이 잘 있는지 수시로 전화를 하고, 손주가 게임하는 것을 시도 때도 없이 기웃거린다. 가족이 소중한 것은 사실이지만, 이런 행동에서 안정감을 얻는 것은 자신의 행복을 타인에게 종속시키는 것이다. 자식이나 손자에 대해 집착하는 사람들은 자식이나 손자와의 관계가 소원해지면 우울증에 걸리기 십상이다.

아이들도 초등학교 저학년 때까지는 할아버지와 할머니의 관심을 잘 받아 준다. 하지만 초등학교 고학년만 되어도 조부모의 관심을 과도한 간섭으로 여기게 된다. 그러다 중학생이 되면 조부모는 말할 것도 없고 부모와도 거리를 두게 된다. "자식에 대한 일은 부모가 가장 늦게 안다."거나 "자식 일은 부모가 알면 모든 사람이 아는 것"이라는 말도 이를 의미할 것이다.

또 노년이 되면 젊었을 때보다 인간관계가 좁아지게 마련이다. 이런 점에서 노인에게는 내면의 주관을 확립하고 스

스로 행복해질 수 있는 방법을 찾는 것이 매우 중요하다. 나는 어르신들에게 "오늘은 오늘의 태양이 뜨고, 내일은 내일의 태양이 뜬다."는 말을 자주 하곤 한다. 이것은 유일한 현재인 지금 이 순간에 대한 고마움과 지금 이 순간의 행복을 어르신들에게 자각시키기 위한 것이다.

또 나는 어르신들에게 "공부하고, 답사하고, 기도하라." 라고 말한다. 조금이라도 젊었을 때 노년의 행복을 위한 공부를 하고, 최대한 많은 곳을 다니며, 기도와 명상을 통해 내면을 확립하라는 것이다.

우리의 삶에는 두 가지 공부가 있다. 첫째는 직업 혹은 생계 수단을 유지하기 위한 수단으로서의 공부다. 둘째는 행복을 향유하기 위한 목적으로서의 공부다. 목적으로서의 공부로는 시대의 흐름을 타지 않는 인문학 공부 또는 종교 공부가 좋다. 과학이나 사회와 같이 빠르게 변화하는 분야에 대한 공부는 어르신들에게 부담스러울 수 있다. 목적으로서의 공부를 하면, 하는 양에 비례해서 보고 느끼는 폭이 달라지게 된다. 유홍준 선생의 말처럼, "아는 만큼 보인다."는 것인데, 보고 느끼는 폭이 커지면 삶의 행복도 역시 높아지게 마련이다.

그러나 어르신들에게 공부는 쉬운 일이 아니다. 어떤 노인들은 "내가 10년만 젊었어도 공부를 잘했을 텐데."라고 말하곤 한다. 이때 나는 "10년 전에 안 하셔서 지금처럼 된 겁니다."라는 '팩폭'을 한다. 그리고 "이렇게 말하는 지금 이 순간에도 어르신의 가장 젊은 날이 사라지고 있습니다."라고 말해 준다. "10년만 젊었으면"을 억 번 반복해도 젊어질 확률은 없다. 그저 현재의 젊음만 속절없이 날릴 뿐이다. 그러므로 현재 실천할 수 있는 최선의 방법을 찾아 즉각 행동에 나서는 것이 가장 현명하다.

그런데 공부라는 것은 글과 사진 등의 자료만으로는 효율적으로 하기 어렵다. 실제로 내가 교육학을 공부하면서 배운 바에 의하면 가장 교육 효과가 높은 공부 방법은 답사다. 답사는 보고 듣고 체험하는 것이 동시에 이루어지는 입체적인 공부이기 때문이다. 그러므로 여건만 된다면 공부는 답사와 병행하는 것이 좋다.

마지막으로 기도는 기도와 명상을 아울러 의미하는 말이다. 사실 기도라는 것은 일정 수준에 도달하면 명상으로 연결되기 마련이다.

30대 이후부터 인간의 근육은 1년에 1%씩 감소하고, 근력은 최대 4%까지 줄어든다고 한다. 나이로 인해 감소된 근육을 보충하는 것은 매우 어렵다. 그래서 나이가 들면 유산소 운동도 중요하지만, 헬스와 같은 근육 운동을 해서 근손실을 최소화해야 한다고 말하곤 한다.

그런데 나이를 먹어 가면 근육뿐만 아니라 정신에도 근

손실이 일어난다. 명상은 근육을 잃어 가는 정신에 근육을 만들어 준다. 때문에 노년이 되기 전에 미리 명상을 익힐 필요가 있다. 대개 정신의 문제는 육체의 문제처럼 쉽게 드러나지 않는다. 게다가 대부분의 사람들은 문제를 인식하더라도 바로 그 문제를 해결하려고 들지 않는다. 의사로부터 그러다가 죽는다는 말을 듣는 지경이 되어서야 나쁜 습관을 고치려고 노력하는 경우도 있다. 내가 아는 어떤 이도 술·담배를 끊지 않으면 얼마 못 갈 것이라는 이야기를 병원에서 듣고 난 다음에야 금주와 금연을 단행했다. 늦게라도 술·담배를 끊게 된 것은 다행이지만, 그래도 더 일찍 끊은 것만 하겠는가? 이런 점에서 보더라도 노년이 되기 전에 명상을 익히는 것은 선택이 아닌 필수다. 노년이 길어지고 있는 요즘의 추세를 보면 더욱더 그렇다.

명상을 통해서 내면이 정리되고 타인에 대한 의지나 기대 없이 혼자서도 언제나 안정적일 수 있다면, 후회와 회한 또는 원망과 자책 역시 적어질 수밖에 없다. 내면이 충만하면 무의미하게 삶을 되돌아보거나 주변을 두리번거릴 일이 적어지기 때문이다.

노인과 젊은이의 가장 큰 차이는 노인은 주로 과거를 말하지만 젊은이는 미래를 말한다는 점이다. 또 주변 사람들에게 노인은 잔소리를 하지만, 젊은이는 자신의 생각을 말한다.

노인들은 그러한 말들이 다 상대를 배려하고 생각해서 하는 것이라고 주장하겠지만, 이것은 인류의 역사에 걸쳐 지속되어 온 유서 깊은 노인성 질환(?)이다. 오죽했으면 이 질환(?)에 대해 '노파심(老婆心)'이라는 이름까지 붙었겠는가?

나이가 들면 들수록 자신의 중심을 잡고 사는 것만큼 삶의 행복과 만족에 있어서 중요한 것이 없다. 배가 닻을 내림으로써 안정을 찾는 것처럼, 노인들은 명상을 함으로써 자꾸만 외부로 쏠려 나가는 자신을 안정시켜야 한다.

9
죽음에 대한 공포

인간은 미지(未知), 즉 불명확성을 두려워한다. 그러나 우리의 일상과 직접 관련된 미지는 과학의 발달에 따라 많은 부분이 해결되었다. 아직 해결되지 않은 미지는 우리의 일상과 무관한 영역, 즉 우리의 관심 밖에 있는 영역과 관련된 것이 대부분이다.

미지 중에는 인류와 처음부터 함께했고, 그래서 수많은 사람들이 해결해 보려고 했지만 여러 주장만 난무할 뿐 여전히 미해결로 남아 있는 것이 있다. 죽음이 바로 그것이다. 이런 면에서 죽음은 미지의 끝판왕이라고 해도 과언이 아니다.

모든 생명체는 죽음에 대한 공포를 유전자에 새겨 놓고 있다. 죽음을 순순히 받아들이는 관대한 생명체는 진화 과정에서 이미 멸종했다. 현존하는 모든 생명체는 죽음을 회피하고자 하는 강한 의지를 가졌던, 달리 말해 끈질긴 생명력을 가졌던 생명체의 자손일 수밖에 없다.

죽음에 대한 공포는 종을 유전하면서 더욱 커지고 견고해지게 마련이다. 여기에는 '나'의 죽음을 '나'가 속한 종 전체의 죽음으로 착각하게 만드는 유전자의 속임수도 한몫한다. 죽음에 임박하면 후손에 더 집착하는 현상, 예를 들어 죽을 때가 된 식물이 더 많은 꽃과 열매를 맺는 것이 이런 속임수의 작동 사례다.

그래서 붓다는 『법구경(法句經)』 제10장 「도장품(刀杖品)」에서 다음과 같이 말한다.

> 모든 생명은 폭력을 두려워하고 죽음을 두려워한다.
> 이 이치를 자기에게 견주어 남을 죽이거나 죽게 하지 마라.
> 모든 생명은 폭력을 두려워하고 평화로운 삶을 사랑한다.
> 이 이치를 자기에게 견주어 남을 죽이거나 죽게 하지 마라.
> 모든 생명은 평화를 바라는데
> 폭력으로 이들을 해치는 자는
> 자신의 평화도 얻지 못할뿐더러,
> 사후의 평화도 성취하지 못할 것이다.

죽음은 인류에게 가장 익숙한 개념 중 하나다. 그러나 아이러니하게도 언제나 새로운 화두를 던져 준다. 특히 그 죽음이 나와 관련된다면, 평정심을 유지하기가 쉽지 않다. 이는 그 사람에게 문제가 있다기보다는 유전자에 새겨진 코드가 충실하게 작동하기 때문이다.

불교가 들어오기 전 동아시아 문화에서는 죽음을 터부시했다. 이는 사후 세계관이 부족한 데서 오는 현상인데, 이 때문에 어른 앞에서는 죽음에 대한 어떤 말도 꺼내는 것이 용납되지 않았다. 오늘날에는 "힘들어 죽겠다", "배고파 죽겠다", "배불러 죽겠다", "더워 죽겠다" 등 "~해서 죽겠다."라는 표현이 일반적으로 사용되지만, 예전에는 어른 앞에서 이런 표현을 쓸 수 없었다. 죽음에 대한 터부가 강하다는 말은, 이에 비례해 죽음에 대한 공포도 크다는 의미다.

인도에 갔을 때 내게 가장 인상 깊었던 것 중 하나는 갠지스강 인근의 바라나시에서 본 노천 화장터 풍경이었다. 인도인들은 화장할 때 관을 쓰지 않는다. 대신 미라처럼 시신을 천에 둘둘 말아서 장작 위에 올린다. 이런 상태에서 화장을 하다 보니, 천이 불길에 타 버리고 나면 시신이 타는 모습이 적나라하게 드러나게 된다. 그때의 냄새는 가히 충격적이다.

화장터보다도 더 흥미로웠던 것은 화장터 옆에 '죽음을 기다리는 집'이 있다는 사실이었다. 인도인들은 바라나시의 갠지스강에서 시신을 화장하고, 남은 유해를 강에 뿌리면, 그 시신의 주인이 천당에 간다고 믿는다. 그래서 죽음이 임박한 많은 사람들이 이 '죽음을 기다리는 집'에 와서 돈을 지불하고 일종의 번호표를 뽑은 후 대기하고 있다. 물론 죽음에는 순서가 없다. 그래서 어떤 이들은 '죽음을 기다리는 집'에서 몇 년을 살기도 한다. 삶과 죽음이 교차하는 화장터 옆에서 몇 년을 사는 소회는 과연 어떨까?

큰 건물 전체에 죽어 가는 사람들만 모여 있는 곳. 건물 바로 옆에는 노천 화장터가 있으며, 그 화장터에서 나오는 시신 타는 냄새가 24시간 동안 끊임없이 느껴지는 곳. 우리라면 군대만큼이나 싫을 그러한 곳에 인도인들은 돈을 내고 자진 입소한다.

어떻게 이런 일이 가능할까? 그것은 인도인들이 윤회를 믿으며, 발달된 사후 세계관을 갖고 있기 때문이다. 비자를 받기 위해 외국 대사관 앞에 가서 줄을 서서 기다리는 것처럼, 인도인들은 '죽음을 기다리는 집'에서 태연하게 죽음을 기다린다. 화장터의 풍경을 보더라도 오열하는 사람은 보이지 않고, 그저 흐느끼는 사람들만 몇몇 보인다. 노천 화장터에서 가족의 시신이 불타는 모습을 직접 본다면 한국인들은 감정을 추스르기 어려울 것이다. 하지만 인도인들은 그런 모습을 보면서도 외국으로 떠나는 사람을 배웅하는 것처럼 담담하다.

이에서 보듯, 사후 세계관의 발달 정도에 따라 죽음에 대한 인식이 달라진다. 사후 세계관이 발달하지 못한 우리나라 사람들은 죽음에 대한 공포를 태생적으로 더 강하게 가질 수

밖에 없다.

　나는 독일의 실존주의 철학자 하이데거의 행복론을 좋아
한다. 하이데거는 "죽음을 상기하는 사람이 가장 행복해질 수
있다."는 주장을 했다. 만일 내가 3개월 시한부 인생을 선고받
았다고 하자. 그렇다면 나에게는 허투루 쓸 시간이 없다. 나는
최고의 성취와 만족을 가져다 줄 가장 현명한 선택만을 해야
한다. 그 과정에서 나는 내게 진정으로 소중한 것이 무엇이고,
진정으로 소중한 사람이 누구인지를 명확히 인식하게 될 것
이다. 또 매 순간 순간이 너무나도 소중하기 때문에, 누군가와
다투거나 험한 말을 하면서 아까운 삶의 순간들을 낭비하지
도 않을 것이다.

　명상은 정신에 근육을 만들어 내면의 안정을 북돋아 준
다. 명상은 죽음 자체를 무력화시키지는 못하지만, 죽음에 대
한 공포는 효과적으로 다독거려 줄 수 있다. 명상은 죽음을 계
절의 순환처럼 자연스럽게 받아들이게 하며, 죽음의 과정에
서도 적극적으로 행복을 찾게 한다. 그럼으로써 명상은 하이
데거의 행복론이 보다 용이하게 작동하게 한다.

10
불면증

유튜브를 보다 보면, '수면 유도 빗소리'와 같은 영상들을 보게 된다. 클릭해 보면, 진짜 몇 분 길이의 빗소리를 몇 시간씩 이어 붙여 놓은 게 전부인 날로 먹는 영상이다. 그런데 이런 영상의 조회 수가 수십만에서 백만이 넘는 것을 보면, 똑같이 유튜브를 하는 입장에서 깊은 자괴감이 든다. "내 내공은 빗소리 이어붙이기의 발뒤꿈치도 못 따라가는구나!"라는 생각이 들면서 또 한편으로는 "이런 게 인생이구나!" 싶기도 하다.

그러나 다시 생각해보면, 이는 현대인의 불면증이 심각하다는 것을 말해 준다. 현대인의 불면증에는 여러 가지 요인이 있다. 일단 도시화와 산업화에 따라 발생하는 다양한 스트레스, 스마트폰 사용, 밤 문화의 발달 등을 그러한 요인으로 꼽을 수 있다.

내가 어렸을 때만 하더라도 밤 11시면 말 그대로 한밤중이었다. 인적이 끊긴 어두운 거리에는 가로등이 졸고 있었고,

이때쯤 되면 TV에서도 재미있는 프로가 방영되지 않았다. 그런데 지금은 자정이 넘어도 거리에 활기가 있고, 밤 12시에 예능 프로그램이 시작되기도 한다. '잠을 잊은 그대'가 참 많은 시대다.

한국인의 대표적인 거짓말로 직장인들이 출근할 때 하는 "좋은 아침!"이 꼽힌 적이 있다. 이 말은 지금도 거짓말 1~2위를 달리고 있지 않을까 한다. 생활 패턴은 밤이 깊도록 잠들 수 없게 바뀌었지만, 출근 시간은 바뀌지 않았다. 이 때문에 직장인의 아침은 말만 좋은 아침이지, 사실은 피곤한 아침에 불과하다. 현대인들은 일찍 잠자리에 들 수 없다. 막상 잠을 자려고 침대에 누워도 일단 스마트폰에 손을 대면 1~2시간이 또 훌쩍 흘러가 버린다. 그러다 보니 만성 피로에도 잠을 이루지 못하는 불면증이 생기게 된다. 이런 불면증은 습관에 의한 것이고, 나이를 가리지 않는다.

불면증은 나이와도 관련이 있다. 성장기에는 자도 자도 잠이 부족하다. 하지면 노년에 접어들면 점차 잠이 줄어든다. 잠을 길게 자는 것도 체력이 되어야 가능하다. 이 때문에 체력이 약한 젖먹이나 노인은 긴 잠을 잘 수 없다. 어린 아이가 주기적으로 깨어나 보채는 것이나, 노인이 짧게 여러 번 자는 것은 모두 체력과 관련된다. 노년은 점점 더 길어지고 있다. 어떤 이들은 "환갑이 청춘"이라고 하지만, 제아무리 청춘이라고 외쳐도 신체는 불면증에 시달린다. 신체의 나이는 정직하기 때문이다.

명상은 내면의 힘을 북돋아 주고 안정을 취하게 함으로써 불면증 개선을 돕는다. 숙면을 취하는 것은 명상을 하기 위한 기본 조건 중 하나이기도 하다. 수면이 부족하여 피곤한 사람은 명상을 하다가 잠들어 버리는 경우가 많기 때문이다. 명상은 수면과는 다른 편안한 상태를 유도한다. 그러나 편안한 상태는 곧 쉽게 잠이 오는 상태로 이어지는 것이 가능하다. 이런 점에서 명상은 수면 장애 극복에 도움이 된다.

따라서 불면증에 시달리는 분들 역시 명상을 배울 필요가 있다. 이런 면에서도 명상은 현대인이 직면한 문제 중 한 가지를 해결할 수 있는 히든 카드라고 하겠다.

4장

명상으로
키울 것들

1
집중력과 창의력

내가 명상을 하게 된 이유는 중학교 때 공부가 안 되어서였다. 어떤 사람들은 머리는 좋은데, 노력을 안 한다. 그러나 나는 머리도 별로고 노력도 안 하는 스타일이다. 뭔가 각성하기 전에는 딱히 방법이 없는 상황이었다.

그때 나는 명상을 통해서 머리를 틔울 생각을 하게 되었다. 머리가 좋아지면 노력을 덜 해도 문제가 해결될 수 있기 때문이다. 너무나 엉뚱하고 간편한 발상이 아닌가? 나는 이것을 실천에 옮겨, 명상을 통한 두뇌 개발 작업에 돌입한다. 내 고등학교 생활 기록부에 3년 내내 담임 선생님이 '도 닦음'이라고 적어 놓은 것은 당시 내가 얼마나 열심히 노력했는지를 보여 준다.

그런데 아무리 명상을 한다고 해도 기억력이 좋아지지는 않았다. 나만 그런가 하고 찾아보니, 붓다의 제자 중 수행을 통해 깨달음을 얻어 아라한이 된 주리반특 역시 기억력은 좋아지지 않았다고 한다. 주리반특은 작은 길에서 갑작스럽게 태어났다. 이때 문제가 발생했던 것인지, 주리반특은 아무리 노력을 해도 고작 반 게송, 즉 4줄짜리 시의 절반만 외울 수 있었다. 지능이 무척 낮았던 것이다.

그런데 붓다의 현명한 인도를 통해 주리반특은 결국 깨달음을 얻게 된다. 특히 그는 붓다의 제자 중 신통 서열 3위에까지 이른다. 그럼에도 불구하고 주리반특이 외울 수 있는 게송의 양은 전혀 늘어나지 않았다. 명상은 내적인 행복과 신통력을 얻게는 해도, 기억력 증진에는 도움이 되지 않는 것이다.

명상이 기억력 증진에 효과가 없다고 해서 공부에 전혀 도움이 안 되는 것은 아니다. 명상은 내면을 평화롭게 조절한다. 이는 잡념을 통제하여, 내면에서 발생하는 자기 충돌의 문제가 해소될 수 있게 한다. 타인이 개입하지 않는 내면에서도 충돌은 계속 일어난다. 결정 장애는 물건을 살 때만 발생하는 것이 아니다. 생각 속에서도 이런 문제는 끊임없이 발생하며, 이것이 잡념이나 망상 및 판단 착오를 일으키는 배경이 된다.

그런데 이런 문제가 현저하게 줄어들면 어떨까? 노트북이나 스마트폰이 내부적인 충돌에서 발생하는 발열 문제를 잡을 수 있다면 어떻게 될까? 발열 문제를 잡는다고 해서 하드웨어의 성능 자체가 향상되는 것은 아니다. 하지만 이를 통한 성능 향상 효과가 있을 것은 자명하다. 발열 문제가 줄어들면서 결과적으로 성능 향상 효과가 생겨나는 것처럼, 명상을 하면 내면의 자기 충돌이 줄어들면서 결과적으로 집중력이 향상된다.

집중력이 좋아진다고 해서 원래부터 우월한 유전자를 갖고 태어난 사람을 이기기는 어렵다. 마치 어떤 노트북이나 스마트폰이 발열 문제를 해결했다고 해도, 발열 문제는 있지만 사양 자체가 압도적인 노트북이나 스마트폰의 성능을 능가하기 어려운 것과 같다. 하지만 다행스럽게도 우리 주변의 경쟁자들은 대개 나와 엇비슷한 수준의 사람들이다. 효율 개선을 통해 올림픽 금메달을 딸 수는 없지만, 동네 최강자가 되는 것은 가능하다. 방구석 여포에서 동네 최강자만 되어도 명상의 효과는 충분히 존재하는 것이 아닐까? 명상을 하면 필연적으로 내면의 잡념을 통제하기 마련이다. 이런 상태에서 자신이 타고난 집중력을 최대치로 발휘하는 것은 크게 어렵지 않다.

인생은 공무원 시험과 비슷하다. 능력자는 1차에 합격하지만 가망이 없는 사람은 1~2번 만에 포기하기 마련이다. 수년간 계속 붙잡고 노량진에서 컵밥을 먹으며 버티는 사람에게 필요한 점수는 크지 않다. 커트 라인보다 조금 낮은 점수때문에 희망 고문을 당하는 사람들은 어느 정도의 집중력 향상으로도 문제를 극복할 수 있다.

내 경험에 의하면, 명상을 통해 압도적으로 개발되는 능력은 창의력이다. 영화나 드라마 시나리오 작가, 또는 온라인 게임의 세계관을 구성하는 이들은 거대한 구조를 머리로 구상해서 돌려야 한다. 이것이 완성되고 나면 나머지 작업은 상대적으로 단순하다. 전체 구상이 핵심인 것이다. 그러다 보니 이런 사람들은 일반인보다 창의력이 좋다. 명상을 하면 창의력이 개발되는 것도 같은 이유다. 명상은 내면에 이미지를 떠올리거나 그리는 상상 훈련이 많다. 이를테면 나만의 메타버스 건설과 같은 것이다. 그러다 보니 창의력이 저절로 개발된다. 또 마블의 세계관이 서로 연결되면서 확대되는 것처럼, 명상도 숙련되면 이미지 영역이 확대된다. 창의력은 집중력과 달리 무한 확장도 가능하다는 말이다.

나는 논문이나 책을 쓸 때, 대충 뒹굴뒹굴하며 전체를 구상한다. 그러다 구상이 구체적으로 뚜렷해지면 바로 작업에 돌입한다. 이런 경우 작업하는 시간은 별로 오래 걸리지 않는다. 실제로 나는 우리나라 인문학자 중 가장 많은 한국연구재단 등재지 논문을 썼다. 그런데 나와 같이 논문 작업을 해 본 사람들은 한결같이 내가 '구상 능력'이 탁월하다고 말한다.

구상 능력이란, 동일한 재료들을 가지고 맞춤하고 멋진 제품을 뽑아내는 능력이다. 이는 백종원이 뻔한 식재료로 맞춤한 음식을 만들어내거나, 디자이너가 흔한 소재로 통통 튀는 감각을 선보이는 것과 비슷하다. 이것이 창의력의 결실이다. 창의력은 틀에 갇히지 않는 자유로운 생각이다. 이런 다방면의 관점을 통해 재료를 재구성해서 가장 맞춤한 구상을 도출해 내는 것, 이것이 명상의 파워다.

현대에도 그렇지만, 인공 지능이 사회의 상당 부분을 대체하는 미래에 창의력은 더욱 각광 받는 능력이 될 것이다. 과거의 공부는 경전을 누가 얼마나 정확하게 암송하느냐에 초점이 맞추어져 있었다. 이는 동아시아 유교의 초시(初試, 1차 시험), 그리고 남방 불교나 티벳 불교에서 암송을 강조하는 것을 통해서도 확인할 수가 있다. 과거에 암송이 중요했던 것은 책이 많지 않고 사회가 단순해서 습득해야 할 지식의 양이 제한적이었기 때문이다.

그러나 현대에 들어와 책이 일반화되면서 암송보다는 유효적절한 자료를 효율적으로 잘 찾는 것이 전문가의 능력이 되었다. 인터넷이 발달된 지금은 쉽게 검색할 수 있는 공개된 자료도 많다. 예전에는 요리사에 따라서 사용할 수 있는 식재료가 달랐다면, 오늘날에는 모두에게 식재료가 평등하다. 적어도 식재료와 관련해서는 모두 같은 출발점에 서게 된 것이다. 이제 승부는 식재료가 아니라 창의성, 즉 식재료의 차별성 있는 결합 방법에서 갈린다.

얼마 전까지만 해도 사람들을 열광시켰던 것 가운데 '4차 산업 혁명'이라는 말이 있었다. 4차 산업의 핵심은 인공 지능, 사물 인터넷, 빅데이터, 바이오 같은 것이다. '4차 산업 혁명'이란 말이 관심을 끌던 당시에는 이런 과학의 발달로 인해 대다수의 직업군이 사라질 것이라는 예상이 난무했다. 하지만 이런 시대에도 창의력은 인공 지능이 대체하지 못할 인간만의 특수한 능력이다.

창의력이야말로 미래의 성장 동력이자 가장 주목 받는 핵심 능력이다. 명상은 이런 창의력 개발과 관련하여 최고의 능력을 발휘한다. 다른 어떤 능력보다도 창의력을 키우는 명상의 효과만큼은 내가 직접 경험하고 체득한 바가 있기 때문에 분명하게 장담하고 확언할 수 있다.

2
두뇌 개발

예전에 단학선원에서 주장한 '뇌호흡'이 크게 유행한 적이 있었다. 단전 호흡을 하면 인간의 뇌가 개발되고, 때론 투시와 같은 초능력도 얻게 된다고 한다 그러나 그 효과가 객관적으로 입증된 것 같지는 않다. 만약 그랬다면 단전 호흡이 전세계적으로 유행했을 것이기 때문이다.

나는 명상이 두뇌를 직접적으로 개발한다고 생각하지는 않는다. 나 자신부터 명상하기 전에 비해 두뇌 자체가 크게 개발된 것인지는 잘 느끼지 못하기 때문이다. 다만 명상을 하면 두뇌의 효율성이 좋아지는 것은 100% 맞다. 불필요한 것을 덜어 내고 최적의 조건을 맞춰 주면 당연히 효율성이 좋아진다. 우리는 PC를 사용하다가 때때로 불필요한 프로그램을 찾아서 삭제하곤 한다. 또 기능이 비슷하다면 하드웨어 리소스를 많이 잡아먹는 무거운 프로그램보다는 가벼운 프로그램을 쓴다. 이는 PC의 성능을 최적화시켜 주기 위해서다. 두뇌의 최적화는 명상을 통해서 확보될 수 있다.

애플은 자체 개발 프로세서를 적용한 뛰어난 성능의 컴퓨터와 스마트폰을 출시하고 있다. 애플은 자사 제품에 자체 개발 운영 체제인 macOS와 iOS를 사용하는데, 여기에 프로세서까지 자체 개발한 것을 사용함으로써 자사 제품이 최고의 성능을 발휘하게 만들었다. 애플은 왜 자체 운영 체제에 더해 자체 프로세서까지 사용하게 된 것일까? 기술이 발전함에 따라 컴퓨터나 스마트폰 제조사들이 사용할 수 있는 시스템 구성 요소들의 성능은 어느 정도 평준화되었다. 이런 상황에서 애플은 운영 체제와 프로세서 간의 결합을 최적화시키는 것을 통해 자사 제품에 확실하게 차별화된 성능을 부여하는 전략을 취했던 것이다. 반면 삼성은 자사 제품에 윈도우와 안드로이드를 운영 체제로 사용하고 있는데, 이 두 운영 체제는 삼성이 자체 개발한 것이 아니다. 따라서 삼성은 애플의 이런 전략을 따라가기 어렵다.

배터리 기술은 발전 속도가 눈에 띄게 느린 분야다. 스마트폰이 나온 지 벌써 10년이 넘어가지만, 스마트폰의 사용 시간은 대개 하루에 그치고 만다. 한 번 충전하면 1주일이나 열흘 정도 스마트폰을 사용할 수 있게 하는 고집적 배터리는 아직 요원한 꿈이다. 그런데 스마트폰 제조 업체는 이 문제에 대한 해법을 전혀 다른 차원에서 찾았다. 고속 충전이 바로 그

해법이었다. 이들은 짧은 배터리 사용 시간이라는 문제를 빠른 충전 속도로 극복하고자 했다. 그래서 과거 7~8시간에 이르기도 하던 충전 시간이 이제는 1시간 남짓으로 단축되었다. 문제를 해결하는 방법에는 정공법만 있는 것이 아니라, 우회적으로 해결하는 방법도 있는 것이다.

명상을 통한 두뇌 개발도 마찬가지다. 명상은 두뇌 자체를 개발하는 것은 아니지만, 최적화를 통해 두뇌가 효율적으로 작동하도록 한다. 소란스러운 곳에서 다른 사람과 대화까지 하며 공부하는 것보다는, 조용한 독서실에서 혼자 집중하여 공부하는 것이 더 효율적인 법이다. 명상은 이런 점에서 학업 성취에도 기여할 수 있다.

3
통찰력과 자존감

명상을 통해 창의력과 함께 가장 크게 강화되는 능력이 통찰력이다. 명상에 의한 통찰력의 강화는 이미 널리 알려져 있다. 일반적으로 '수행자의 지혜'라고 하는 것의 실체가 바로 이런 통찰력이다. 또 동아시아 선불교에서는 직관지(直觀知)를 중시하는데, 이는 철학을 넘어서는 미학적 측면이라는 점에서 주목된다.

명상을 통한 통찰력 강화가 가능한 것은 내면의 조절 과정에서 자신을 타자화시켜 관조하는 능력이 신장되기 때문이다. 앞서도 언급한 바와 같이 바둑에는 "옆에서 훈수 두는 사람은 1급이 더 높다."는 말이 있다. 대국에 임하지 않고 옆에서 훈수를 두는 사람은 객관적으로 대국을 볼 수 있다. 그래서 대국에 직접 임하고 있는 같은 급수의 사람보다 한 단계 더 높은 급수의 안목으로 대국을 파악할 수 있다. 스포츠, 연기, 노래를 할 때 힘을 빼라고 가르치는 것도 같은 효과를 노린 것이다. 바로 이런 타자화의 관조가 통찰력으로 이어진다.

물론 자신을 타자화시킨다고 해서 본래의 능력을 초월하는 엄청난 능력을 발휘할 수 있는 것은 아니다. 바둑도 같은 급수에 비해 1급 정도 안목이 높아지는 것이지, 유단자까지 이길 정도로 안목이 높아지는 것은 아니다.

홀로 수행하는 사람들이 범하는 오류 중 하나는 사회의 보편적인 변화에 둔감하다는 것이다. 이 때문에 그들이 강화시킨 통찰력은 그들 자신의 깜냥을 벗어나지 못하는 제한적인 통찰력에 불과한 경우가 많다. 폐쇄적인 수행에서 비롯된 얕은 식견에서는 그 식견에 어울리는 얕은 통찰력이 발현될 뿐이다. 명상가나 수행자가 많아도 이들에게서 혁신적인 통찰력이 보이지는 않는 것은 이 때문이다.

제아무리 눈이 밝은 맹금류라도 높이 날지 않으면 시야가 좁을 수밖에 없다. 여기에는 시력의 문제가 아니라, 고도 즉 높이의 문제가 존재하기 때문이다. 과거에는 국사나 왕사의 지위에 있는 고승들이 국가 대사에 대해 자문했다. 당시에는 승려들이야말로 당나라 혹은 송나라에 유학해 선진 문물을 배운 최고의 지식인이었기 때문이고, 사회 자체도 그렇게 복잡하지 않았기 때문이다. 하지만 나날이 급변하는 현대 사회에서 종교인의 조언은 도덕적 사안 외에는 별로 도움이 되지 못한다. 과거의 국사나 왕사가 높은 산에 올라서 멀리 보는 사람들이었던 데 반해, 오늘날의 종교인들은 자신들의 종교적 진리라는 낮은 산에 올라서 가까운 곳만 보는 사람들이다.

이와 같이 통찰력의 강화만으로 기본 배경의 차이까지 커버할 수는 없다. 하지만 통찰력을 강화시킨다면 스스로 가진 능력의 한계 안에서 최선의 결과를 끌어낼 수 있다.

창의력 및 통찰력의 강화와 함께 주목해야 할 명상의 효과는 자존감의 신장이다. 명상은 스스로의 행복과 만족을 위해 자신을 조절하는 정신 수련이다. 이런 점에서 자존감의 신장 역시 명상과 직결된다.

명상은 자기의 내면으로 떠나는 여행이다. 이런 점에서 비교 대상이 존재할 수 없다. 나와 비교할 대상이 없다면, 나의 자존감에 문제가 생길 이유가 없다. 남송의 육상산(陸象山, 1139~1192)은 "내 마음이 우주고, 우주가 내 마음"이라고 하였다. 또 "모든 경전은 내 마음에 대한 주석일 뿐"이라고도 했다. 명상가는 나를 중심으로 우주를 돌리는 사람이다. 이런 점에서 명상은 독존의 행복을 경험하게 하고, 무한한 자존감을 확립하게 할 수 있다. 우주의 운행조차 내 마음속의 그림이자 파동일 뿐인데, 무엇이 나의 자존감을 방해할 수 있단 말인가? 실제로 나 역시 다이아몬드 멘탈을 갖고 있기 때문에 다른 사람의 판단에 그다지 구애받지 않는다. 다이아몬드 수저로 태어나지는 않았지만, 다이아몬드 멘탈은 확보해야 하는 것 아

닐까?

　자존감은 현실에서는 자신감으로 구현된다. 자신감은 때론 독이 되기도 한다. 과도하게 오버하느라 자신의 위치를 제대로 파악하지 못하게 될 수도 있기 때문이다. 그러나 스펙이 강조되고 자신을 드러내야 하는 현대의 상황에서, 자신감은 마이너스적 요인보다는 플러스적 요인이 더 크다. 이런 점에서 명상은 또 다른 분명한 효용성을 담보하고 있는 셈이다.

4
지구력과 경쟁력

명상은 내면의 자기 조절을 통해 행복을 구현하는 방법이다. 사람은 혼자 있는 것을 선호하지만, 혼자 있는 것을 괴로워할 때도 있다. 그래서 일반적인 경우에 독방은 모든 사람이 원하는 독립 공간이지만, 동시에 감옥에서 독방은 최고의 형벌 수단이 되기도 한다.

명상하는 사람은 내면이라는 메타버스 속에서 모든 통제권을 자신이 가지고 있다. 가장 강력한 '홀로'로서 존재하는 셈이다. 실제로 모든 수행자는 이런 '홀로'의 단계를 거치곤 한다. 수행자는 '홀로'를 통해서 각성하고, 더 이상 타자가 필요 없는 슈퍼맨과 같은 영웅으로의 발걸음을 내딛게 된다.

이런 사람은 당연히 지구력이 강해진다. 지구력이 어떤 일에 대한 지속성을 의미한다면, 세상에 명상만큼 정(靜)적인 지속성을 요구하는 일이 몇 가지나 있겠는가? 이런 점에서 명상은 지구력을 키우는 데 충분한 도움을 준다. 명상은 내면의

에너지를 생산하고 컨트롤함으로써 '에너자이저'와 같이 지칠 줄 모르는 정신력을 갖게 한다. 명상하는 사람에게 지구력의 발휘는 끈기로 버텨내야 하는 극기 훈련 같은 것이 아니라, 삶의 자연스러운 일부가 된다.

인생은 단거리 경주가 아니라 마라톤이라고 한다. 마라톤에서 지구력이 승부의 중요한 요인인 것처럼, 우리 삶에서도 지구력은 성공의 중요한 요인이 된다. 지구력은 현실에서 성공을 거둘 수 있게 하는 필수적인 경쟁력이기 때문이다.

물론 현대 사회에서 지구력만이 으뜸가는 경쟁력이라고 하기는 어렵다. 예로부터 사람이 갖추어야 할 중요한 경쟁력으로 신(身)·언(言)·서(書)·판(判)을 꼽았다. 이 가운데 으뜸으로 쳤던 것은 외모(身)와 말솜씨(言)다. 배우나 아이돌이 누리는 부와 인기를 보면 현대 사회에서 외모가 얼마나 중요한지 단적으로 알 수 있다. 예능 프로그램에 출연한 연예인들이 화려하고 재치 있는 언변으로 분위기를 주름잡는 것을 보면 말솜씨가 얼마나 중요한 것인지도 절절히 느끼게 된다. 지구력이 중요한 경쟁력이긴 하지만 이런 고농도의 경쟁력에 필적하는 것은 쉽지 않다.

하지만 외모와 말솜씨가 특별하지 않은 보통 사람에게 지구력은 경쟁에서의 승리와 패배를 결정짓는 충분한 요소가 된다. 만일 외모와 말솜씨를 갖춘 연예인이 명상을 통해서 지

225

구력까지 겸비한다면, 오래 오래 인기를 끌 수 있는 최고의 스타가 될 것이다.

배우에 비해 상대적으로 활동 수명이 짧은 아이돌들은 20대 후반만 되어도 연기자로의 변신을 모색하는 경우가 있다. 그러나 노래와 연기는 연예라는 범주에 함께 속해 있지만, 실은 서로 다른 영역이다. 양의(洋醫)와 한의(韓醫)는 의료라는 하나의 범주 안에 묶일 수 있지만, 쉽게 호환되지 않는다. 이와 마찬가지로 아이돌과 배우 역시 쉽게 호환되기 어렵다.

지구력은 이를테면 아이돌이 배우로 변신하는 데 필요하다. 아이돌에서 연기자로의 변신이 성공하기 위해서는 아이돌로서의 화려한 영광을 내려놔야 한다. 그리고 초심으로 되돌아가 연기를 처음부터 착실하게 배워야 한다. 어떤 아이돌은 출중한 외모와 인기를 믿고 영화나 연기에 도전했다가 희대의 '발연기'라는 악평을 듣기도 한다. 이는 우직한 노력으로 자신을 재구성하려는 노력은 건너뛴 채, 이미 가진 것만을 믿고 섣부르게 변신하려 한 결과다. 이런 점에서 볼 때 지구력은 삶이 필요로 하는 중요한 경쟁력으로서, 약방의 감초와 같은 귀한 역할을 한다고 하겠다.

5
감정 조절과 자기 돌봄

나는 어린 시절을 서울에서 보냈다. 그때만 해도 서울은 흙바닥이 풍성했다. 〈응답하라 1988〉만 봐도 요즘의 도시에서는 보기 어려운 시골스럽고 정겨운 분위기가 물씬 난다. 그러니 그 이전 시대의 삶이야 어련했겠는가.

하지만 도시에 사는 현대인들의 삶에는 더 이상 그런 정취가 남아 있지 않다. 속도와 효율과 성과를 지향하는 삶 속에서 사람들의 생활은 각박해져 간다. 경제 성장이 둔화되면서 과거보다 풍요로운 미래에 대한 꿈은 희미해졌지만, SNS를 통해 여러 비교 대상들을 보면서 느끼는 상실감과 박탈감은 커져만 간다.

현대인이 살아가는 이 시대는 감정 포장을 잘할 것을 요구한다. 하지만 이 시대는 과거 어느 시대보다도 '화'가 가득하다. 그 결과 많은 사람들이 감정 조절에 어려움을 겪는다. 최근 들어 자주 언급되는 분노 조절 장애와 같은 것이 그러한 어려움의 예다.

우리는 뭔가가 뜻대로 풀리지 않을 때 화를 낸다. 높아진 내 눈높이를 주변 환경이 맞춰 주지 못할 때 우리는 스트레스를 받고, 그 스트레스가 화로 변한다. 한국인의 화에는 '빨리빨리'로 대표되는 급한 성격, 유교 문화를 배경으로 하는 남성 중심주의 등등 여러 문화적 요인도 작용한다. 한국인의 화가 갖는 이런 문화적 특수성을 감안하여, 세계 의료계는 우리말 발음 그대로 '화병(hwa-byung)'이라는 개념을 인정하고 있을 정도다. 태권도의 종주국이 우리나라이기 때문에, 전 세계의 태권도 경기에서 '차렷', '경례', '시작'과 같은 한국말을 사용하는 것과 비슷하다.

명상은 내면의 자기 조절을 중심으로 한다. 따라서 명상은 화를 진화하는 훌륭한 소화기가 될 수 있다. 화라는 것은 활화산처럼 순간적으로 끓어오르는 것이다. 따라서 잠시만 조절해도 화에 따른 문제의 대부분을 피해 갈 수 있다. "분노가 치밀어 오르면 속으로 10까지 헤아려라."라는 말도 그래서 나왔다.

우리의 감정 중 화는 다스리기 어려운 편에 속한다. 명상을 통해 화를 다스릴 수 있다는 것은 다른 종류의 감정들도 명상을 통해 다스릴 수 있다는 것을 의미한다. 감정의 통제와 조절은 내가 누군가에게 '필살기'를 날리는 것을 참게 해 줌으로

써, 인간 관계가 극단으로 치닫는 상황을 막아 준다. 화와 같은 감정을 조절하는 것은 상대방의 입장을 배려하기 위해서뿐만 아니라, 나의 평정심을 지키기 위해서도 필요하다. 영국의 대문호 셰익스피어는 "너의 원수로 인해 난롯불을 뜨겁게 지피지 마라. 오히려 그 불이 너 자신을 불태우리라."라고 말하지 않았던가. 이런 점에서 내면을 잔잔히 깔리게 하는 명상은 나와 남 모두에게 바람직한 사회 생활의 해법이 된다.

명상은 내면 여행을 통한 자기 돌봄이기도 하다. 우리는 빡빡한 삶에 이완을 주기 위해 편안하게 쉬기도 하고 '멍때리기'도 한다. 이런 여러 가지 형태의 자기 돌봄을 요즘에는 '힐링'이라고들 부른다. 힐링을 위해서는 숲을 찾을 수도 있지만 내면으로 여행을 떠날 수도 있다. 멀리 있는 숲을 찾아가기 위해서는 돈과 시간과 에너지를 들여야 하지만 명상은 앉은 자리에서 스스로 펼쳐 놓았던 생각을 거두어들이기만 하면 된다. 따라서 명상은 도시의 치열한 삶 속에서도 언제 어느 때나 경험할 수 있는 힐링이 된다. 잠시 숨을 고르고 눈을 감은 후 명상에 잠기면 에어컨 바람과는 비교할 수 없는 시원한 오아시스가 나에게 온다. 이런 마음 속 오아시스를 필요할 때마다 찾을 수 있다면, 보다 쉽게 스트레스를 극복하고 보다 빨리 성공의 길을 걸어갈 수 있을 것이다.

<u>6</u>
너그러움과 대범함

강자는 너그러운 경우가 많고, 약자는 각박한 경우가 많다. 강자에게는 양보할 수 있는 여유가 있는 반면, 주변에 의해 억압받는 약자에게는 양보할 수 있는 여유가 많지 않기 때문이다. 우리는 명상을 통해서 너그러워질 수도 있다. 명상에서 나오는 너그러움은 강함에서 나오는 너그러움과는 다르다.

명상하는 사람은 전 우주가 내 안에서 돌아간다고 생각한다. 이를테면 이 세상은 내가 꾸는 꿈과 같은 것이다. 꿈속에서는 안 좋은 일도 일어나고, 나를 괴롭히는 나쁜 사람도 등장하기 마련이다. 그러나 그것은 어디까지나 꿈일 뿐이며, 거기에 마음을 쓰는 것은 수고롭고 어리석은 일이다. 이것은 영화 속에서 두 배우가 서로 미워하고 싸우는 것과 같다. 영화의 내용과 달리 현실에서 그들은 딱히 미워할 일도 없고 싸울 일도 없는 동료 배우일 뿐이다. 어쩌면 그들은 절친한 선후배 사이일수도 있고, 심지어 형·동생 하는 사이일 수도 있다.

전 우주가 내 안에서 돌고 있을 뿐이라고 생각할 수 있다면, 우리는 재벌을 부러워하고 걸인을 꺼려하는 것과 같은 행동을 하지 않고 모든 존재를 평등하게 대할 수 있게 된다. 그래서 명상하는 사람에게는 세상을 한 걸음 떨어져서 볼 수 있는 여유가 생겨난다. 이것이 '명상의 너그러움'이다.

우주의 눈으로 본다면, 지구는 물론이거니와 우리 은하 역시 티끌에 불과하다. 또 우주의 시간으로 본다면, 100세 노인의 나이와 영아의 나이 사이에 존재하는 숫자의 차이는 무의미하다. 과학자들은 우주의 나이를 150억 년 정도로 추정하는데, 150억 년에서 0과 100의 차이는 미세 먼지만큼도 되지 않는 하찮은 것에 불과하다. 명상을 통해 이런 관점을 확보한다면, 일체의 차별과 충돌은 모두 초등학생의 싸움만도 못한 유치한 일이 되고 만다.

명상하는 사람은 우주를 내 안의 일로 판단하는 인식론적 관점과 일체를 우주의 눈으로 보는 거시적인 안목을 통해 언제나 여유롭고 너그러운 자세를 유지한다. 영화 속에서 배우는 극단적인 감정을 표출하기도 한다. 하지만 배우는 자신이 연기한 감정에 매몰되지 않는다. 땅 짚고 헤엄치는 사람처럼, 명상하는 사람은 그 어떤 상황에서도 감정적으로 침몰하지 않게 해 줄 구명조끼를 입고 있는 것이다.

대범함 역시 너그러움과 같은 논리 구조에서 발생한다.

아이언맨의 입장이 아니라 로버트 다우니 주니어의 입장에서는, 마블의 타노스가 전 우주의 절반을 날린다고 해도 전혀 동요될 것이 없다. 명상하는 사람은 이 세상을 1인칭의 시점으로 보는 동시에, 드론의 항공 촬영과 같은 3인칭 시점으로도 본다. 세상을 보는 이런 관점에서 대범함이 나온다.

명상이 주는 대범함은 투쟁적 삶 속에서 흔들리지 않는 올바른 판단을 하는 데 도움을 준다. 또 작은 것에 얽매여 자잘한 스트레스를 받는 일이 없는, 멋지고 행복한 삶을 살 수 있게 한다.

7
치매 예방으로서 '화'의 억제

2020년 기준으로 한국인의 기대 수명은 83.5세다. 80세를 넘겨 장수하는 것이 보통인 이 시대에 암보다 더 무서운 병으로 새롭게 여겨지게 된 병이 있다. 치매가 바로 그것이다.

암에 걸린 사람은 멀쩡하게 의식을 유지한다. 그리고 자신이 앞으로 얼마 정도를 더 살 수 있을지 대략적으로 예측한다. 그 덕에 암 환자는 임종에 이르기까지 주변을 정리하고 자신을 반성해 볼 충분한 시간을 갖게 된다. 비록 말기에는 고생을 하는 경우가 많지만, 오히려 그 과정에서 가족과의 관계가 더욱 깊어지기도 한다.

이에 비해 치매 환자는 최근 기억부터 점차 잊어버리고, 마침내는 대소변조차 스스로 가리지 못하는 상태에 이른다. 게다가 치매 환자는 육체적으로는 오히려 더 건강해진다. 이 때문에 가족은 간병에 따른 정신적·경제적 고통을 오랫동안 겪어야 한다. 게다가 인지 능력이 떨어진 치매 환자가 이런 저런 문제까지 일으키면, 가족들은 그야말로 만정이 다 떨어지는 상황을 경험하게 된다.

　　그래서 가족들은 치매 환자를 요양원에 모시는 경우가 많다. 또 이때 발생하는 의료비를 위해 치매 보험을 들기도 한다. 그러나 중증의 치매 환자는 요양원에서도 통제하기 어렵다. 치매 환자를 침대에 묶어 놓거나 수면제 성분의 약을 투여하는 것도 그 때문이다. 부모님이 치매를 앓을 경우 자식이 겪는 고통은 여간한 것이 아니다. 그 고통은 보험으로 해결할 수 있는 차원을 뛰어넘는다. 치매야말로 가족의 해체를 초래하는 현대 사회의 가장 비극적인 질병이라고 하겠다.

　　그런데 명상을 통해서 일정 부분이나마 치매를 예방하는 것이 가능하다. 한의학에서는 치매를 화 혹은 화병과 연관해서 이해한다. 그런데 앞서 언급한 것처럼, 명상을 하면 화를 컨트롤할 수 있다. 이는 명상을 통한 치매 예방 효과가 존재할 수 있다는 것을 의미한다.

　　또 명상이란, 내적인 정신의 컨트롤이자 자신의 세계관을 만드는 것이다. 경로당에서 어르신들이 화투 놀이를 하는 것도 치매 예방에 도움이 된다고 하는데, 정신에 직접 작용하는 훈련이 어찌 도움이 되지 않겠는가? 이런 점에서 명상은 인류가 치매를 극복할 수 있는 현존하는 최고의 해법임에 틀림없다.

우리나라는 2025년부터 초고령 사회로 진입하게 된다. 이제 치매는 모두에게 가장 두려운 질병이 될 것이다. 따라서 명상을 통해 치매를 예방하는 것은 일찍 죽을 자신이 없는 사람에게 필수적이라고 하겠다.

5 장

가장 쉽고 안전한
명상법

1
행복의 종류

상대적 행복

명상의 목적이 행복에 있다는 점에서, 우리는 행복에 대해 정리할 필요가 있다. 모든 사람은 행복을 추구한다. 그러나 사람들이 추구하는 행복은 대부분 상대적인 행복이다. 일이나 감정이 내 뜻대로 되면 흔연하고 행복하며, 마음먹은 방향과 어긋나면 기분이 나쁘다. 이런 행복은 하루에도 수십 번에서 수백 번 발생한다.

물론 삶에는 이런 자잘한 것 말고 좀 더 굵직한 행복도 있다. 좋은 학교에 진학하거나, 원했던 직장에 취업하는 경우 느끼는 행복이 그런 것이다. 그러나 이런 행복 역시 좀 더 크기가 클 뿐, 상대적인 것은 마찬가지다. 그렇기 때문에 좋은 학교에 진학해서 행복하더라도 나중에는 학업을 멀리하기도 하고, 취업해서 기뻐하더라도 시간이 지나면 회사 일 때문에 스트레스를 받기도 한다.

인간에게 있어서 탄생과 죽음만큼이나 중요한 것이 결혼이 아닐까? 그러나 최고의 이상형과 결혼하더라도 역시 스트레스가 없는 것은 아니다. 송중기와 송혜교의 '송송커플'은 말 그대로 선남선녀의 결합이었다. 그러나 경제력 등에 부족함이 없었어도 이들은 1년 9개월 만에 파경에 이르고 말았다. 이 때문에 태백시에서는 두 사람의 커플 조형물을 설치했다가 철거하는 해프닝이 발생하기도 했다.

이러한 상대적 행복에는 세 가지가 있다.

첫째는 감각적이고 쾌락적인 행복이다. 이것은 좋은 음식과 성(性)적인 것에 기뻐하며, 음주·가무·공연 등을 즐기는 말초적인 행복이다. 이는 인간이 가장 쉽게 선택하는 것으로, 누구에게 배우지 않아도 저절로 추구하도록 유전자에 새겨진 자극적인 행복이다. 하지만 이런 쾌락에만 탐닉한다면 육체와 정신이 피폐해지면서 큰 불행에 직면할 수 있다. 마치 골초가 폐암 진단을 받게 되고, 브레이크 없이 질주한 향락의 끝이 공허와 허탈감으로 돌아오는 것처럼 말이다.

둘째는 폐쇄적이고 제한된 행복이다. 이것은 스스로의 조건을 제한해서 얻는 행복이다. 달리 말해, 〈나는 자연인이다〉의 행복이나 부탄의 행복처럼, 조건을 단순화시켜 상대적인 불행을 느끼지 않음으로써 얻는 행복이다. 하지만 이런 행복은 타자와 비교를 하게 되면 쉽게 무너질 수 있다. 〈나는 자연인이다〉의 주인공들에게 아주 좋은 조건을 제시하면, 그들은 자연인으로서의 생활 방식을 포기할지도 모른다. 폐쇄적이고 제한된 행복은 소신에 따라 구현된 적극적인 행복이기보다는 타자와의 관계를 회피함으로써 구현된 소극적인 행복이기 때문이다.

셋째는 자기 조절에 의한 행복이다. 이것은 현실적인 삶속에 있으면서도 스스로를 절제함으로써 얻는 행복이다. 술을 좋아하긴 하지만 스스로 절제하여 불금에만 술을 마시면서 얻는 행복이나, 스스로 규칙을 정해 적절한 정도로만 게임이나 SNS를 즐기면서 얻는 행복이 그러한 예다. 생활 패턴이 무너지지 않는 상태를 유지하면서, 가늘고 길게 안정적으로 누리는 행복이라고 할 수 있겠다. 자기 조절에 의한 행복의 또다른 형태는 작은 것에서 찾는 행복이다. 한때 유행했던 '소확행', 즉 '소소하지만 확실한 행복'이 이런 행복에 해당한다. 이행복은 작은 것에 상징적인 의미를 부여함으로써, 그것과 관련된 만족도를 높일 때 얻어진다. 자기 조절에 의한 행복 역시무너지지 않는 완전한 행복은 아니다. 다만 세 가지 형태의 상대적 행복 중에서는 가장 바람직한 형태라고 하겠다.

절대적 행복

상대적 행복의 대척점에 있는 것이 절대적이고 완전한 행복이다. 이는 종교나 철학이 추구하는 이상적인 행복이다. 이런 행복에는 두 가지가 있다.

첫째는 기독교나 이슬람교와 같은 유신 종교에서 제시하는 신에 의한 행복이다. 이 행복은 신을 믿음으로써 신이 절대적인 행복값으로 만들어 놓은 천국에 들어갈 때 성취된다. 그러나 신이나 천국의 존재는 객관적으로 검증될 수 있는 대상이 아니라, 주관적으로 믿어질 수밖에 없는 것이다. 따라서 신이나 천국의 존재 여부에 대한 의심이 존재할 수밖에 없다.

유신 종교의 완전한 행복은 죽은 뒤에만 실현되는 것이라는 점 또한 문제다. 완전한 행복이 성취된다는 천국은 살아 있는 동안에는 그 존재를 검증할 수 없고, 죽은 뒤에는 그 허구성에 대한 문제를 제기할 수 없다. 유신 종교는 신이나 천국의 존재에 대해서는 확실하게 대답하지 못한다. 오직 더욱 강력한 신앙을 가질 것만을 강조함으로써, 신이나 천국의 존재에 대해 사람들이 의심하지 못하도록 할 뿐이다.

둘째는 불교나 유교 또는 도가와 같은 진리 종교에서 주장하는 진리에 의한 행복이다. 불교에서는 이런 진리를 다르마, 즉 법(法)이라고 한다. 유교에서는 이를 인(仁)과 리(理)라고 하며, 도교에서는 도(道)라고 한다. 수행을 통해 이런 진리를 체득하면 인간이면서도 인간을 초월한 항상한 행복을 성취하게 된다. 이들 동양 종교는 객관적으로 타당한 진리를 주장하기 때문에 '철학적 종교'라고도 한다. 불교와 유교 및 도가가 대학의 철학과에서 가르쳐지는 것은 이들 종교의 합리성을 변증해 준다. 이것은 유신 종교가 신학과에서만 다루어지는 것과는 차이가 있다.

그러나 진리 종교 역시 문제가 없는 것은 아니다. 이들이 주장하는 진리를 터득하기 위해서는 많은 시간을 투자해야 하기 때문이다. 이 때문에 불교와 도가(혹 도교)에서는 전문적인 출가 수행을 바람직한 모습으로 제안한다. 유교의 성리학(性理學)과 양명학(陽明學)에서도 위기지학(爲己之學), 즉 자신을 위한 수양 공부를 강조한다. 하지만 열심히 수행한다고 해도 진리를 터득해서 성현이 된다는 보장이 있는 것은 아니다. 진리 종교는 방향은 맞을지 몰라도 행복에 도달하게 하는 속도가 느리다는 문제가 있는 것이다.

행복의 끝판왕, 현실을 관통하는 행복

행복에는 상대적 행복과 절대적 행복 외에도 양자가 현실적인 관점에서 조화된 '현실을 관통하는 행복'도 존재한다. 불교에서는 이를 '출출세간(出出世間)'의 '입전수수(入塵垂手)'라고 하며, 양명학에서는 '사상마련(事上磨錬)'이라고 한다.

'출출세간'은 출가, 즉 출세간(出世間)을 넘어서 다시금 세속으로 내려와 현실을 관통하며 행복한 삶을 사는 것을 말한

다. 그리고 '입전수수'란 "저잣거리로 돌아온다."는 의미다. 이런 표현들은 깨침과 완전한 행복이 삶과 유리되지 않은 현실 속에 존재하는 것임을 분명히 한다.

중국 선불교의 마조 도일(馬祖 道一, 709~788)은 현실과 유리되지 않는 깨달음인 일상성을 강조했다. 그가 말한 '평상심시도(平常心是道)', 즉 일상의 마음이 곧 진리라는 천명은 현실을 관통하는 행복이라는 코드를 정확하게 조준한다. 마조는 진리란 일상을 벗어나 존재하는 것이 아니라, 일상 속에 존재하는 것임을 분명히 한다. 마치 우주가 지구 밖에 있는 것이 아니라, 지구까지 포함하는 것과 같다. 우리는 우주 비행사나 외계인을 우주인이라고 생각하지만, 평범한 우리들 역시 단 한 번도 우주를 떠나지 않았던 우주인에 다름 아니다.

다음으로 '사상마련'은 "일 위에서 진리를 연마한다."는 의미다. 이는 현실을 벗어난 수행과 명상은 존재하지 않는다는 수양론이다. '입전수수'와 '사상마련'은 현실을 관통하는 삶의 역동성이 느껴지는 행복의 형태다. 그리고 '평상심시도'는 '입전수수'나 '사상마련'의 노력마저 무력화시키는 최상의 행복이다.

인류는 끊임없이 우주를 동경하여 우주선을 타고 우주로 나가려고 한다. 그러나 마조는 말한다. '우주라는 생각만 놓는다면, 본래 우주가 아닌 곳은 존재하지 않는다.'고 말이다. 그러나 마조의 인식 환기, 즉 각성은 가장 쉬우면서도 어려운 것이다. 원래 막노동보다 어려운 것이 인식을 환기하고 관점을 전환하는 것이기 때문이다. 따라서 마조의 '평상심시도'가 이상적인 행복이긴 하지만, 우리가 현실적으로 추구할 만한 행복은 그보다 한 단계 낮은 '입전수수'와 '사상마련'이라고 하겠다.

상대적 행복이 상황과 조건에 따라 무너질 수 있다는 문제점을 갖는다면, 절대적 행복은 신이나 천국이라는 증명되지 않는 것에 의지하거나, 어려운 진리를 터득하는 것을 전제로 한다는 문제점을 갖는다. 이에 반해, 현실을 관통하는 행복인 '입전수수'와 '사상마련'은 하루하루 자신의 좌표를 확인하는 유연하고 자유로운 수행에 기반한다는 점에서, 현대인에게 가장 바람직한 행복의 형태라고 하겠다. 현실을 관통하는 행복은 우리가 사는 삶을 떠난 별도의 명상이 아니라, 삶 속에서의 명상을 통해 구현되기 때문이다. 현실을 관통하는 행복은 직장 생활과 일상 생활에서 끝없는 스트레스와 싸우는 현대인들이 가장 확실하고 명확하게 누릴 수 있는 행복이다.

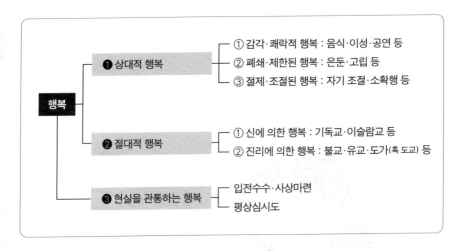

2
명상의 이론적인 배경

원기(元氣)의 흐름

내가 제시하는 명상의 원리는 간단하다. 천문학자들에 의하면, 우주는 한 점에서 시작되어 빅뱅 이후 계속 팽창해 왔다. 이 한 점의 총량은 늘거나 줄지 않는 항상함이다. 만일 이 한 점의 에너지가 어느 부분에선가 줄어든다면, 우주는 언젠가는 다 소진되어 끝나고 말 것이다. 그러나 아직 이런 현상은 발견되지 않고 있다. 즉, 우주의 에너지는 변화하며 순환하기만 할 뿐 소진되지 않는다는 말이다. 이는 우주가 끊임없는 변화 속에서 항상하다는 것을 의미한다. 현재까지 알려진 바에 의하면 우주는 '항상한 변화'로서의 무한인 셈이다.

이 최초의 한 점을 '원기(元氣)'라고 칭해보자. '원기'는 근원적인 본질의 기운이라는 의미다. 이 원기가 팽창하며, 총량에는 변화 없이 자기 안에서 계속 흐르고 있는 것이 바로 우주다. 원기는 언젠가 팽창을 그만두고 수축할지도 모른다. 그러나 이런 경우에도 총량에는 변화가 없다.

원기와 무한(無限)

원기가 항상한 무한(無限)이라면, 무한의 부분 역시 무한일 수
밖에 없다. 왜냐하면 유한은 제아무리 거대해진다고 해도 무
한이 될 수 없으며, 무한은 어떻게 나뉘어도 유한이 될 수 없
기 때문이다.

　우리 역시 우주의 일부분이다. 이것을 바꿔 말하면 우리
모두도 역시 무한이라는 의미가 된다. 우주 속의 모든 낱낱 존
재는 모두가 무한의 부분이므로, 그 자체로 무한일 수밖에 없
다. 즉 '전체 무한'과 '부분 무한'만이 있을 뿐, 우주 전체는 언
제나 한결같이 무한이다.

　편의상 '전체 무한'과 '부분 무한'이라는 명칭을 사용하기
는 했지만, 무한은 전체나 부분을 떠나서 철저한 대등 관계여
야만 한다. 왜냐하면 차등이란 유한의 차원에만 존재하는 것
이고, 무한의 차원에는 그 어떤 차등도 존재하지 않기 때문이
다. 즉, 우주의 전체와 부분, 그리고 모든 낱낱 존재들은 무한
이라는 공통 분모에 의해 모두 대등 관계를 형성하고 있는 것
이다.

　지금까지의 설명을 꿈에 비유해 보자. 잠이 들어, 나의 한
점 의식이 꿈을 만들어 낸다. 꿈은 허상이다. 그렇기 때문에

꿈속의 나와 대상, 즉 낱낱의 존재들은 허상이라는 공통 분모를 통해 대등 관계를 맺으며 존재할 뿐이다. 또 꿈 전체와 꿈속의 낱낱 개체 사이에도 허상에 입각한 대등 관계가 성립한다.

모두는 이미 전부를 포함한다

이제 한 걸음 더 나가 보자. 무한과 무한은 대등 관계이기도 하지만, 상호 포함 관계라는 판단도 가능하다. 즉, 무한은 무한을 포함할 수 있고, 무한에 포함될 수도 있다. 이렇게 되면 우주의 전체와 부분, 그리고 부분과 부분들은 모두 서로가 서로를 포함하는 관계 속에 존재하게 된다. 부분이 전체를 포함할 수 있는 무한의 논리 구조 속에서, 전체 무한과 부분 무한이라는 개념은 임시적인 가설로만 존재할 뿐, 별도로 존재할 수는 없는 것이다. 마치 모두가 무한이며, 무한이 아닌 것은 있을 수 없는 무한의 연속된 파노라마만이 존재하는 것처럼 말이다.

이와 같이 서로가 서로를 포함하는 무한의 논리 구조 역시 꿈으로 설명할 수 있다. 꿈속의 개체들은 실체가 없는 허상이므로, 서로가 서로를 포함하며 존재한다. 또 꿈 전체와 꿈속의 낱낱의 개체들 역시 허상이기 때문에, 서로를 포함하는 것이 가능하다. 부분이 전체를 포함할 수 있다는 논리는 꿈 전체와 꿈의 부분이 별도로 존재하는 것이 아니라, 하나의 꿈으로서 흐르고 있을 뿐이라는 결론에 이르게 한다.

원기를 알면 언제나 행복하다

우리는 완전한 무한이라는 전제를 바탕으로 전체와 부분, 그리고 부분과 부분들이 모두 서로가 서로를 포함하는 완성체임을 알 수 있다. 이런 전체 무한의 논리를 관통하는 것이 바로 최초의 한 점, 즉 원기(元氣)다. 완전체인 원기가 전체와 부분을 종횡으로 관통하며, 시간과 공간을 넘어서 유전하고 있다는 말이다.

최초의 원기는 완전한 무한이므로, 팽창하지만 실제로는 팽창하는 것이 없는 한 점일 뿐이다. 이 원기가 그 자체의 완전성과 완결성으로 우주를 가득 메우고 있다. 그러므로 나와 주변에 존재하는 원기를 자각하기만 하면, 명상은 물론이거니와 깨달음을 얻는 것도 어렵지 않다.

원기는 무한이므로 대상이 없는 유일한 존재다. 우주 안의 모든 변화는 사실 원기의 자기 변현(變現)일 뿐이다. 마치 꿈이 내 의식 속의 흐름인 것처럼 말이다.

유일성은 대상이 존재하지 않기 때문에 완전성, 즉 행복의 본체가 된다. 이를 자각하면 모든 존재는 행복해지게 된다. 아니, 행복해지지 않을 수 없다. 이런 유일성의 완전함이라는

측면은 기독교나 이슬람에서 창조주이자 유일신이 행복이 되어야 하는 이유와 논리적으로 일치한다.

원기는 흐르고 흐를 뿐

원기는 우주이기도 하지만, 우주 안의 '나'이기도 하다. 즉, '나' 역시 원기일 뿐이다. 그러므로 명상과 깨침이란, 이 '나'를 자각하면 되는 것이지 그 이상도 그 이하도 아니다. '나'를 바꿔서 또 다른 무엇이 되는 것이 아니다. 감은 눈을 뜨는 것처럼 꿈을 꾸는 사람이 자신이 꿈 속에 있음을 자각하기만 하면 된다. 그렇게 되면 모든 문제는 그 자체로 무력화된다. 여기서 포인트는 문제가 사라지는 것이 아니라 무력화된다는 것이다. 이는 마치 어두운 교실에 책상과 걸상이라는 많은 장애물이 존재하지만, 불을 켜기만 하면 그 모든 장애물이 한순간에 무력해지는 것과 같다. 불을 켠다고 해서 책상과 걸상 자체가 없어지는 것은 아니지만, 불을 켜는 그 순간부터 책상과 걸상은 더 이상 장애물이 아니게 된다.

끝으로 원기는 항상한 무한이지만, 불변은 아니라는 점에 주목할 필요가 있다. 항상한 무한이기 때문에 불변이 아닌, 항상한 무한으로서의 변화라는 말이다.

물론 원기는 항상한 무한이므로 변화와 불변을 초월한다. 그러나 꿈에 정지함이 존재하지 않듯, 원기 역시 끊임없이 유행(流行), 즉 흐르고 흐를 뿐이다. 이를 '원기의 유행'이라고 한다. 바로 이 원기 유행의 개념을 이해하고 나에게 존재하는 원기를 각성하는 것, 이것이 바로 명상의 올바른 길이며, 깨달음에 도달하는 대자유의 눈뜸이다.

<u>3</u>
가장 쉬운 명상 비법

조신(調身) · 조식(調息) · 조심(調心)

명상에는 다양한 방법이 있다. 그러나 기본적으로는 조신(調身), 조식(調息), 조심(調心)의 3단계를 거쳐 명상 상태에 도달하게 된다.

자신의 몸과 싸우는 사람들

조신(調身)은 몸을 편안히 하는 것이다. 여기에는 안정적인 자세를 유지하기 위해 몸을 푸는 것도 포함된다. 명상은 같은 자세를 요구하는 정적인 경우가 많다. 그러므로 몸을 좌우로 푸는 등의 가벼운 스트레칭은 신체 건강과 정신 컨트롤에 도움이 된다. 그러나 몸을 조복(調伏), 즉 복속시키기 위해 무리하고 과도한 방법을 사용하는 것은 올바르지 않다.

어떤 사람들은 몸을 자신의 뜻대로 하겠다면서, 무리하고 과격한 방법을 사용해 육체의 저항을 항복시킨다. 그러나

이는 자신과 자신을 싸우게 만드는 내부 분열일 뿐이다. 외부의 적을 상대하기도 어려운데, 아군이 마음에 안 든다고 해서 굳이 내란을 일으킬 필요는 없다.

이런 사람들을 옆에서 보고 있으면, 인간 승리라는 생각이 들기도 한다. 그러나 한 번 더 생각해 보면, 이는 북한의 김정은이 고모부인 장성택을 처형하는 것과 다르지 않다. 또, 육체는 그렇게 항복시킨다고 해도, 정신은 어떻게 항복시킬 것인가? 이런 방법은 일견 인상적이고 멋있어 보이기는 하지만, 자신을 무너트리는 하수의 방식일 뿐이다.

진정한 리더는 적을 제거하는 사람이 아니라, 적을 아군으로 바꾸는 사람임을 잊지 말아야 한다. 마치 제갈량이 맹획을 7번 잡고 7번 놓아 주며 감동시켜 아군으로 만든 것처럼 말이다. 또 그 적이 나의 일부라면 더욱 더 그렇다. 나는 푹신한 깔개와 쿠션 등을 사용해 안정적으로 편안하게 누울 수 있다면, 굳이 조신은 필요하지 않다고 생각한다. 바른 자세로 독서하는 것이 장기적으로 좋긴 하지만, 굳이 경직된 자세로 할 필요는 없지 않은가? 책의 내용을 이해하고 즐길 수 있다면, 그것으로도 충분하기 때문이다. 특히 소설이나 만화와 같이 쉽게 몰입할 수 있는 책이라면, 자세는 금방 초월하게 된다. 명상도 그렇다. 특정 자세가 명상에 더 유리할 수도 있지만, 마스터가 될 생각이 아니라면 굳이 힘들여서 특정 자세를 고

집할 필요가 없다.

호흡에 꽂힌 사람들

조식(調息)은 조신으로 육체를 안정시킨 상태에서 호흡을 가다듬는 것을 말한다. 처음에는 몸을 스트레칭하는 것처럼, 호흡을 크고 길게 들이쉬고 내쉬는 것을 몇 번 반복한다. 그리고 명상이 시작되면 깊고 낮으며 가늘고 길게 숨 쉬면 된다.

호흡은 우리의 육체 및 정신과 밀접한 관계를 가진다. 운동을 했을 때 호흡이 거칠고 커지는 것은 육체가 산소를 많이 필요로 하기 때문이다. 그런데 흥미로운 것은 정신이 안정되고 집중되면 호흡이 낮고 길어진다는 것이다. 이는 영화나 드라마를 집중해서 볼 때 나타나는 현상이기도 하다. 정신을 컨트롤하는 것은 누적된 훈련이 필요한 것이기 때문에 쉽지 않다. 하지만 호흡을 인위적으로 조절함으로써 의식의 집중을 만들어 낼 수 있다. 호흡과 의식은 서로 연동되는 것이기 때문에, 조절이 용이한 호흡을 통제함으로써 의식을 통제하고자 하는 것이다.

이런 효과를 바라면서 어떤 사람들은 호흡에 많은 시간을 할애하곤 한다. 단전 호흡도 이런 류의 수행이라고 이해하면 되겠다. 그러나 호흡은 수단일 뿐이다. 재수 없으면 호흡법만 익히다가 본격적인 진도를 못 나가고 끝날 수도 있다. 실내

에서 퍼팅만 연습하다가 제풀에 지쳐서, 실제 필드에는 나가
보지도 못하고 골프를 접는 일도 있지 않은가? 따라서 호흡에
너무 집중하는 수행법은 바쁜 현대인들에게 맞지 않다.

호흡을 조절해서 의식을 컨트롤하는 것은 분명 유의미한
방법이다. 하지만 호흡은 어디까지나 수단일 뿐이고, 의식의
안정이야말로 목적이라는 것을 잊지 말아야 한다. 쉽지는 않
지만 우리는 의식을 직접 안정시킬 수도 있다. 조명을 낮춘 조
용한 곳에서 과하지 않은 부드러운 향을 맡으며 잔잔한 음악
을 듣는 것만으로도 어느 정도 의식을 안정시킬 수 있다.

나는 굳이 애써서 호흡 조절을 익히는 것보다, 혼자 조용
한 곳에서 같은 시간에 규칙적으로 명상하는 것을 권장한다.
많은 시간을 들여서 호흡 조절을 연습하는 것보다, 이쪽이 훨
씬 쉽고 간편한 방법이기 때문이다. 물론 여러 사람이 있는 소
란한 곳에서 명상을 하기는 어렵다. 그러나 의식을 컨트롤하
는 것에 익숙해지면, 이 역시 크게 문제될 것이 없다. 영어 단
어를 외울 때 처음에는 조용한 곳에서 하는 것이 좋지만, 익숙
해지면 스타벅스와 같은 곳에서도 할 수 있는 것과 같다.

노잼과 어려움은 최고의 악덕이다

조심(調心)이란, 조신과 조식을 통해서 얻게 되는 마음의 안정
이다. 여기서부터 본격적인 명상이라고 할 수 있다. 몸과 호흡

을 조절하면 명상의 상태에 쉽게 도달할 수 있다.

하지만 도시에서 일하며 바쁘게 살아야 하는 현대인에게 복잡한 명상은 빛 좋은 개살구다. 먹고 살기도 바쁜 마당에, 어느 세월에 안정된 자세를 만들며 또 호흡을 가다듬고 있단 말인가? 현대 사회에 재미없는 것과 번잡한 것은 가장 큰 죄악이다. 우리에게 필요한 것은 삶 속에서 쉽게 할 수 있는 명상, 컵밥이나 인스턴트 식품 같은 명상이다.

대부분의 명상 센터도 마찬가지다. 북극과 남극에는 많은 얼음이 있지만, 한국에서 내가 견뎌야 할 여름 무더위에는 그 얼음이 아무런 쓸모가 없다. 지금 도시인에게 필요한 것은 아마추어에게 맞는 현실적인 실전 기술이지, 프로의 멋들어진 고급 기술이 아니다. 똑같은 무술을 배우더라도 몸이 건강해지면 됐지, 뼈를 깎는 노력 끝에 장풍을 쏘는 경지까지 갈 필요는 없다. 게다가 그 장풍이라는 것이 고작 촛불을 끄는 정도의 현실적 유효성만 갖는 것이라면 더더욱 익힐 필요가 없다.

개도 할 수 있는 3단계 명상법

내가 권하는 명상 방법은 간단하다. 일단 많이 자고 편안히 누우면 준비 끝이다. 충분한 수면이 필수인 것은, 피로한 상태에서 눕게 되면 명상이 아니라 꿀잠에 떨어지기 때문이다. 명상은 마음을 편안하게 해 주기 때문에, 몸이 피곤한 상태에서 하는 명상은 잠으로 이어질 가능성이 크다. 명상을 하다가 잠드는 일이 반복적으로 일어나면, 내 육체는 명상이 아닌 잠과 반응하게 된다. 그리고 명상만 하면 조건반사적으로 잠을 자게 된다. 이렇게 되면 새로운 방법을 찾아야 한다. 수면이 충분하면 편하게 누워도 잠이 오지 않는다. 코알라가 아닌 이상 사람은 계속해서 잠을 잘 수 없다. 이런 편안하고 또렷한 상태가 내가 말하는 명상에서 가장 중요하다.

이 조건이 갖춰지면 약 15분 정도 움직이면 안 된다. 이미 편안한 상태로 누워 있는 상황이라면, 15분 정도 움직이지 않는 것은 크게 어렵지 않다. 이 상태에서 가볍게 눈을 감고, 두 눈썹 사이인 미간에 의식을 지그시 둔다. 너무 강하게 집중하면 눈이 사시(斜視)가 되면서, 나중에는 머리가 어지러워진다. 그러므로 의식을 가만히 매어 두는 정도로 하는 것이 중요하다. 미간이라는 검은 칠판에 희고 작은 빛의 점이 찍혀 있다고 상상하는 것도 한 방법이다.

이런 뒤에 들이쉬면서 '현성법신(現成法身)'이라고, 내쉬면서는 '현법열반(現法涅槃)'이라고 속으로 읊조리면 된다. 즉, 자신의 호흡 길이에 맞춰서 '현성법신'과 '현법열반'을 되뇌기만 하면 된다. 누구나 할 수 있는 너무나 쉽고 간단한 방법이다.

'현성법신 현법열반'의 의미를 간단하게 설명하기는 쉽

지 않다. 다만 의역하면 "지금 진리가 성취되니, 모든 존재는 그 자체로 언제나 고요하다." 정도가 된다.

이 구절은 내가 명상 중에 들은 진리의 소리로, 이 구절을 반복하는 것만으로도 이 소리가 들렸던 의식과 비슷한 단계에 이를 수 있다. 마치 호흡과 의식이 연동되어 있어서, 호흡의 조절로 생각을 고요하게 할 수 있는 것과 유사하다고 이해하면 되겠다. 인도의 수행 문화에는 다양한 주문이나 진언 또는 다라니 같은 것들이 있는데, 이들의 상당수 역시 명상 상태에서 들리는 것을 반복하는 경우다.

이런 명상의 단계를 간략히 정리하면 다음 3단계가 된다. 보는 바와 같이 매우 단순하고 쉽다.

첫째, 많이 자고 편안히 눕는다.

둘째, 움직이지 않은 채, 미간에 의식을 둔다.

셋째, 호흡 길이에 맞춰, 들이쉬면서 '현성법신', 내쉬면서
'현법열반'을 되뇐다.

4
명상으로 경험하는 신비

명상을 할 때 경험하는 신통(神通)은 다양하다. 그러나 이는 다음과 같은 5가지 정도로 추려질 수 있다.

작은 빛이 나타나는 현상

명상을 하게 되면, 가장 먼저 작은 빛이 보이며 점멸하거나 흔들리는 현상을 경험한다. 이는 집중 과정에서 발생한다. 이럴 때는 빛을 따라서 의식이 분산되지 않도록 가만히 놓아두면서 '현성법신 현법열반'을 반복하면 된다. 그러면 점멸하거나 흔들리는 빛이 점차 안정되거나 사라진다. 이와 유사하게, 가벼운 현기증이나 어딘가로 빨려 들어가는 듯한 느낌을 경험할 수도 있다.

이런 현상들은 명상을 통해 강화된 영혼이 육체와 이완되며 흔들리는 과정에서 발생한다. 이것은 육체에 대한 영혼의 자유도가 높아지면서, 달리 말해 영혼에 대한 육체의 속박

강도가 낮아지면서 발생하는 현상이다. 이런 것들은 명상의 초기 증상이다. 그저 담담하게 '현성법신 현법열반'만을 반복하면, 내면의 힘이 안정되면서 다음 단계로 넘어가게 된다.

다만 상황에 따라서 다소 공포감을 느낄 수도 있다. 하지만 죽거나 잘못되는 일은 절대 없으므로 두려워할 필요는 없다. 자칫 두려운 생각이 반복되면, 이후에는 공포에 따른 거부반응으로 인해 명상이 진척되지 못하고 제자리를 맴도는 현상이 발생한다. 그러므로 최대한 담대하게 즐긴다는 생각을 갖는 것이 중요하다.

눈에 구체적인 형상이 보이는 현상

명상의 에너지가 안정되어 커지게 되면, 눈에 구체적인 사물이나 사건 등이 보이는 경우가 있다. 이것은 일종의 투시인데, 과거나 다른 곳의 일이 무작위적으로 보이거나, 벽 혹은 문 너머의 상황이 보이기도 한다.

보이는 것이 너무 구체적이고 또렷해서 신기할 수 있다. 하지만 그렇다고 해서 특별한 경지를 얻거나 한 것은 아니다. 또 보이는 대상을 내가 노력한다고 해서 임의로 선택하거나 할 수도 없다. 철저하게 무작위적으로 나타나는 것만 볼 수 있는 정도다. 이는 하늘에서 기운이 충돌하면 벼락이 치는 것과 유사하다. 이 현상은 에너지가 쌓이면 나타나는 것이기 때문에, 임의로 컨트롤되지 않는다.

　밝은 빛 구슬이 양 눈썹 사이에 있는 듯한 현상이나, 아주 밝은 빛이 퍼지며 온몸과 주변을 감싸는 듯한 현상도 이와 유사한 단계에서 경험할 수 있다. 밝은 빛 구슬은 눈을 떠도 보이는 경우가 있는데, 이는 눈이 빛 구슬을 보는 것이 아니라, 의식이 내적인 에너지를 보는 것이다.

　아주 밝은 빛이 나와 주위를 감싸는 것 역시 내면에서 뭉친 에너지가 일종의 폭발을 일으키면서 발생하는 현상이다. 이때 온화하고 평온한 느낌에 휩싸이기도 한다. 어떤 사람들은 이런 현상을 삼매라고도 하는데, 이것은 초기에 나타나는 일종의 잭팟 같은 상황이라고 이해하면 되겠다.

귀에 뚜렷한 소리가 들리는 현상

명상 에너지의 흐름이 청각을 자극하면 소리가 들리는 경우도 있다. 보통은 내용이 없는 소리인 경우가 많다. 그러나 어떤 때는 구체적인 내용이 들리기도 한다.

　이 역시 투시와 유사하게 무작위적인 방식으로 나타나는데, 천안통(天眼通)과 천이통(天耳通)의 맛보기 정도라고 이해하면 되겠다. 어떤 경우는 진리와 관련된 구체적인 가르침이나 이미지가 소리의 형태로 전달되기도 하는데, 이런 현상은 명상이 좀 더 성숙된 뒤에 나타난다.

천안통은 멀리 떨어진 것을 보는 것, 벽 등의 장애물 너머를 보는 것, 과거나 미래의 사건을 보는 것, 책이나 편지처럼 덮여 있거나 접혀 있는 것의 어떤 부분이 확대되어 환하게 보이는 것 등의 현상을 말한다. 천이통은 천안통과 유사한 현상이 소리의 형태로 나타나는 것이라고 이해하면 된다.

명상 초기에 천안(天眼)과 천이(天耳)의 일부 현상이 나타나는 이유는, 명상을 통해서 만들어진 내면의 에너지가 우리의 대표적 감각 기관인 시각과 청각을 격발시키기 때문이다. 붓다는 천안통이나 천이통 등의 신통이 있다고 해서 깨달음을 얻은 것은 아니라고 했으며, 이는 훈련을 통한 기술 습득으로도 충분히 가능하다고 했다. 명상을 배우는 과정에서 보통 며칠 내에 천안과 천이의 경험이 발생한다는 점을 고려한다면 올바른 말씀이다. 다만 이 에너지를 컨트롤해서 자유롭게 할 수 있는 경지까지 오를 수 있는지는 잘 모르겠다. 왜냐하면 나도 이런 단계에는 이르지 못했기 때문이다. 만일 이것이 가능하더라도 엄청난 시간을 갈아 넣어야 하는데, 그렇게까지 하는 것이 과연 효과적인 선택인지는 잘 모르겠다.

인도의 라마크리슈나는 30년 동안 수행해서 물 위를 걷는 능력을 얻은 이를 만난 적이 있다. 이때 그는 "뱃삯으로 낼 동전 2닢이 없어서 그런 능력을 연마했다."고 말했다 한다. 날개 있는 천사도 돈만 있으면 KTX나 비행기를 선호할 것이라

271

는 점에 유의할 필요가 있다. 힘들여 날갯짓하는 것보다 이쪽
이 더 편하기 때문이다. 관우에게도 80근짜리 청룡언월도는
무거웠을 것이며, 적토마도 달리면 숨이 찼을 것이다. 때문에
관우도 기회만 있으면 청룡언월도를 내려놓았을 것이고, 적
토마도 달리다가 힘들면 멈추었을 것이다. 신통이 신기하기
는 하지만, 이 바닥에도 가성비 개념이 존재한다.

특정 사건이나 전생이 보이는 현상

명상 에너지에 의해 어떤 때는 과거나 미래 혹은 전생으로 이
해될 수 있는 사건 혹은 생애가 보이기도 한다. 이는 명상의
에너지가 심층 의식으로 흐르면서 나타나는 현상이다. 이러
한 것들은 꿈이나 상상 및 기억을 떠올리는 것과 달리, 바로
눈앞에서 펼쳐지는 것처럼 또렷하고 현장감 있게 보인다.

이런 현상은 우리가 현실에서 경험하는 방식과는 달리
3D 영화처럼 특정 이미지가 전개되는 방식으로 일어난다. 따
라서 우리는 거기에 쉽게 감정 이입할 수 있다. 이 현상은 드
라마보다 훨씬 감동적이고 강렬하게 경험된다. 다만 그 농도
가 약하기 때문에, 명상에서 깨어난 후 바로 기록하거나 녹음
하지 않으면, 꿈과 같이 사라진다. 이 때문에 예전에 나는 노
트와 필기구를 머리맡에 준비해 놓곤 했다.

잭팟이 터지듯 단편적으로 영상이 보이는 현상은 명상

의 에너지가 적을 때도 일어날 수 있다. 하지만 한 생애나 한 사건의 전체 영상이 보이는 현상은 이미 익숙해진 명상에 의해 상당히 많은 명상 에너지가 모였을 때 일어날 수 있다. 이런 현상을 경험하는 동안 흐르는 시간은 우리의 실생활 속에서 흐르는 시간과는 완전히 다르다. 따라서 한 생애를 보는 것도 불과 몇 분만에 가능하다. 죽음에 직면했을 때, 지난 삶이 파노라마처럼 지나간다는 것도 이와 유사한 현상이라고 하겠다.

전생과 같은 것도 많이 보인다. 하지만 이를 객관적으로 증명하는 것은 쉽지 않다. 그러므로 장편 영화나 현실감 있는 드라마 정도 이상의 의미를 가진다고 보기는 어렵다. 미국의 잠자는 예언가 에드가 케이시는 전생이 현생의 상당 부분을 결정짓는다고 주장했다. 그러나 나는 전생이 현생에 일정 부분 영향을 줄지는 몰라도, 현생을 규정할 정도는 아니라고 생각한다.

진화론의 용불용설(用不用說)처럼, 전생에 많이 사용한 능력은 후생에도 계속 이어지고 발전한다는 주장이 있다. 힌두교 등에서 말하는 전생론이 그러하다. 예를 들어, 전생에 대장장이였다면, 현생에도 팔뚝이 크고 힘이 셀 확률이 높다. 그러나 불교의 전생론에 따르면, 일부를 제외한 전생에서의 속성 대부분은 현생에서 리셋된다. 이것은 마치 로또의 앞 번호와

뒷 번호 사이에 별다른 인과 관계가 없는 것과 비슷하다. 만약 힘·지능·생김새가 전생에서부터 유전되는 것이라면, 태생적인 불평등이 더욱더 만연하게 될 것이다.

천안통·천이통이 있는 것처럼, 전생을 보는 것은 숙명통(宿命通)이라고 한다. 그러나 명상 초기에 보이는 숙명은 맛보기 정도에 불과할 뿐이다. 또 삶의 무게 중심은 지금 현재에 있지, 과거에 있는 것이 아니다. 이런 점에서 그것이 전생인지 아닌지는 차치하고, 그냥 잘 만들어진 드라마 정도로만 보면 충분하다.

내가 나를 보는 유체 이탈

명상으로 의식이 낮게 깔린 상태에서, 마치 풍선에 헬륨 가스를 넣는 것처럼 경쾌하게 숨을 들이쉬면, 몸이 진동하다가 떠오르는 듯한 경험을 하게 된다. 이때 중요한 것은 너무 머리 쪽을 의식하지 말고, 두려워하지 않는 것이다.

우리는 머리가 몸의 센터라는 생각을 가지고 있기 때문에, 이런 생각이 강하면 머리만 빠지지 않는 현상이 발생한다. 또 몸 밖으로 나가는 과정에서 두려움을 느끼면, 다시 움츠러들면서 유체 이탈이 진행되지 않는다. 자연스럽고 편안하게, 그리고 "유체 이탈로 죽은 사람 없다더라." 정도의 담담한 생각을 유지하는 것이 중요하다. 이렇게 하면 약 2m 정도 몸이 떠오르는 것을 느끼게 되는데, 이것이 바로 유체 이탈이다.

　유체 이탈은 의식이 가라앉는 과정에서 영혼이 수축되며 일어난다. 그러나 '영혼이 수축된다'는 것은 영혼이 여전히 육체 안에 있다는 의미이므로, 영혼이 몸 밖으로 나오는 것과는 차이가 있다. 이런 수축된 영혼을 몸 밖으로 빼내는 역할을 하는 것이 호흡을 경쾌하게 들이쉬는 것이다. 그런데 여기서 '경쾌하다'는 것을 '강하게' 혹은 '거칠게'라는 의미로 이해하면 절대 안 된다. 그렇게 하면 수축된 것이 오히려 팽창하기 때문이다.

　유체 이탈은 명상 과정에서 굳이 의식하지 않더라도 저절로 되곤 한다. 다만 이런 내용을 사전에 알고 있으면 쉽게 이를 체험할 수 있으며, 때론 유체 이탈을 유도하는 것도 가능하다.

　유체 이탈에서 가장 충격적인 경험은 천정이 눈앞에 있다는 것을 인지하는 것과 자신의 얼굴을 보는 것이다. 특히 후자가 충격이 크다. 우리는 거울을 통해서 얼굴을 보아 왔다. 그러나 이는 좌우가 바뀐 영상으로, 눈으로 직접 보는 것과는 차이가 있다. 그래서 자신을 처음 보게 되면 묘한 이질감을 느끼며 다소 충격적인 인상을 받게 된다.

　유체 이탈이 된다고 해서, 금방 자유롭게 다른 곳을 다니거나 할 수는 없다. 육체의 주변에는 일종의 자기장과 같은 측면이 존재하기 때문에, 육체 주변에서 유체의 자유도는 크게 떨어진다. 그러므로 육체로부터 어느 정도 벗어나야 자유롭게 되는데, 이렇게 되는 데는 나름의 연습이 필요하다.

이 연습에는 시간이 걸린다. 바닥을 디딘 상태에 익숙한 우리는 하늘에 떠 있는 상태에 대해 강한 이질감과 두려움을 느끼기 때문이다. 이것은 우리가 꿈속에서도 하늘을 날 수 없는 것과 비슷하다. 익숙한 삶의 형태에서 생겨난 고정 관념을 어느 정도 이상 희석시키지 않는다면, 유체 이탈을 본격적으로 체험하기가 쉽지 않다.

그러나 명상만 어느 정도 해도, 유체가 이탈해서 천정까지 떠오르는 정도의 체험은 얼마든지 가능하다. 너무 조급해 하지만 않으면, 이런 정도의 경험은 1주일 안에 할 수 있다. 몇몇 수행자들이 말하는 것처럼, 신비 체험은 멀고 요원한 데 있는 것이 아니다. 만일 진짜 이렇게 말하는 수행자가 있다면, 그런 사람은 명상을 제대로 하지 않은 것이다.

알고 보면 자연스러운

신비 체험은 마치 줄타기를 하는 광대가 한 발만 밖으로 내딛는 것과 같다. 광대에게 외줄은 그가 점유하고 있는 면적 전체다. 때문에 한 발을 옆으로 내디디면, 광대는 그만 추락하고 만다. 그러나 이 추락은 작은 줄과는 비교할 수 없는 엄청난 공간을 광대에게 부여한다. 외줄이라는 좁은 면적을 버리면, 광대는 그 대신 엄청난 공간을 얻게 되는 것이다.

이와 마찬가지로 제대로 명상을 하면, 하루 15분씩 했다고 가정할 때 불과 1주일이면 신비적인 체험을 경험하게 된다. 신비 체험은 생각보다 별 것 아니다. 또 이런 체험을 한다고 해서 깨달음을 얻는 것도 아니다. 산악인의 목적이 산 정상에 오르는 것이라면, 이런 신비적인 경험은 산을 오르면서 보는 경치 정도에 불과하다. 명상을 통한 신비 체험은 자연스러운 것인 동시에 크게 유의미한 것은 아니라는 말이다. 물론 신비 체험만 놓고 본다면 신기하고 흥미로운 경험임에 틀림없다.

5
소원을 성취하는 방법

신은 소원을 이루어줄까

명상을 통해서 소원이나 바람을 성취하는 것도 어느 정도 가능하다. 물론 이게 확실하다면 굳이 공부 안 하고 명상으로 성적을 올리면 되고, 굳이 직장 생활 안 하고 로또를 사면 된다.

　　유신 종교의 신자들은 신이 모든 걸 다 줄 수 있다고 말하기도 한다. 그럴 때 나는 그럼 기도만 하면 대학을 가니 공부할 필요도 없고, 기도만 하면 병이 치료되니 병원에 갈 필요도 없고, 기도만 하면 돈을 벌 것이니 일을 할 필요도 없는 것이냐고 반문한다. 교회는 교회대로 로또만 사면 신이 당첨되게 해 줄 것이니, 헌금을 받을 필요도 없을 것이다. 우리나라 로또는 상금이 작지만, 미국이나 유럽의 로또는 상금이 수백억 원 이상인 경우도 있다. 그렇다면 비행기 타고 지구를 돌면서 로또를 하면 한 달에 1조 원도 벌 수 있을 것이다. 그런데 신을 믿는 사람이 이렇게 하는 경우는 본 적이 없다. 이는 신이 영험하지 않거나, 아니면 아예 존재하지 않기 때문일 것이다.

명상의 힘이 발휘되는 범위

신도 못하는 일을 명상은 할 수 있을까? 명상을 통해 로또에 당첨되는 것은 불가능하다. 하지만 명상을 통해 공부를 잘하게 되는 것은 어느 정도 가능하다.

그러나 일반인이 어느 정도 배운 명상으로 엄청난 유효타를 칠 수는 없다. 어떤 축구 선수가 명상을 한다고 해서 당장 연봉 1,500억 원을 받는 호날두처럼 될 수는 없고, 어떤 가수가 기도를 한다고 해서 당장 BTS처럼 될 수는 없다. "개 꼬리 3년 둔다고 황모(족제비 털) 되랴?"라는 속담처럼, 안 되는 것은 안 된다.

하지만 우리가 가진 기본 능력치에는 '플러스 알파'가 있는 법이고, 명상의 에너지가 커지면 그 '플러스 알파'가 더 커진다. 단신의 김병만이 아무리 노력해도 100m 달리기에서 우사인 볼트를 상대할 수는 없다. 그러나 김병만이 노력을 통해 자신의 능력적 한계를 극복하는 것은 가능하며, 나아가 단거리가 아닌 마라톤이라면 우사인 볼트와 겨뤄 볼 수도 있다. 명상을 통한 능력 신장은 터무니 없는 것을 실현시키게 되는 것이 아니라, 본래 가능한 것인데 단지 지금까지 불가능했던 것을 가능성의 영역으로 편입시키는 것을 말한다.

신통과 소원은 동전의 양면과 같다

명상의 두 가지 대표적인 효과는 내면을 정리하는 것과 에너지를 만들어 내는 것이다. 이 가운데 내면을 정리하는 것은 잡생각을 없애 주고, 사람을 평안하게 해 준다.

그리고 에너지를 만드는 것에서 신통이 발휘된다. 이게 내부에서 작동하면, 천안통·천이통·숙명통이나 다른 사람이나 동물의 생각을 읽는 타심통(他心通)도 가능해진다. 참고로 타심통은 생각을 읽는 것이 아니라, 깨끗하고 잔잔한 호수에 주변 경관이 비치는 것처럼, 다른 생명체의 파장이 찍히는 것을 말한다. 용한 무당도 이와 비슷한 방식으로 다른 사람의 문제를 파악하곤 한다.

다만 과거나 현재의 상태를 찍는 것은 크게 어렵지 않아도, 미래를 찍는 것은 쉽지 않다. 미래가 가능하다면, 무당 안하고 주식이나 코인을 하면 되지 않겠는가? 이 때문에 속담에 "점쟁이가 제 앞은 못 본다."라고 하는 것이다.

명상을 통한 소원 성취

명상으로 소원을 이루기 위해서는 명상으로 모은 에너지를 자신이 원하는 소원을 떠올리며 투사하면 된다. 『신념의 마력』이나 『씨크릿』 같은 책에서 말하는 것 역시 이런 종류의 투사다. 명상의 에너지는 일반적으로 떠올리는 생각의 에너지보다 그 양이 많고 농도가 짙기 때문에 더 높은 가능성으로 소원을 실현시켜 줄 수 있다.

다만 이루고자 하는 소원은 막연하지 않고 구체적이어야 한다. 돋보기로 태양 빛을 모을 때도 한 점에 초점을 맞추어야 불이 잘 붙듯, 구체적인 것에 초점을 맞추어야 목적이 이루어질 확률이 높아진다.

명상을 통한 에너지 투입은 신성장동력 개발을 위해 특정 산업에 집중적으로 정부 지원금을 몰아 주는 것과 같다. 국가적으로 관심을 가지고 있는 인공 지능이나 바이오 산업, 또 삼성의 반도체나 LG의 배터리 산업 등을 생각하면 되겠다.

물론 많은 자금이 들어간다고 다 성공하는 것은 아니다. 중국이 반도체 굴기를 위해 천문학적인 액수를 투자했지만, 이렇다 할 실적을 내지 못하는 것이 그런 예다. 그러므로 가능한 범주의 영역에서 10~20% 넘어서는 정도로 노력하는 것이 현실적이다.

물 나오는 곳을 잘 봐야 한다

"속도보다 중요한 것은 방향"이라는 말이 있다. 소망하는 것을 이루기 위해서는 명상으로 에너지를 만드는 것도 중요하지만, 그보다 먼저 가능성에 대한 정확한 판단이 이루어져야 한다. 아무리 열심히 우물을 파도 수맥이 없으면 노력만 있고

결과는 없다. 또 수맥이 있다 하더라도 그것이 거대한 암반층 아래에 있으면 역시 노력에 대한 결과를 보기 어렵다. 아무리 뛰어난 스나이퍼라도 목표물을 오인하면 끝이다.

자본은 어떤 일을 성취시키는 경제적 힘이 되지만, 자본 자체가 직접 어떤 일을 성취시켜 주지는 않는다. 중국 정부가 제아무리 자본을 밀어 넣어도 반도체 굴기가 안 되는 것은 반도체 산업이라는 수맥 위에 미국이라는 티타늄 암반층이 있기 때문이다.

명상으로 얻는 에너지도 이러한 자본과 같다. 명상으로 얻는 에너지는 소원 성취로 나아가게 하는 추진력이 되지만, 에너지 자체가 직접 소원을 성취시켜 주지는 않는다. 그러므로 명상을 하는 것도 중요하지만, 그보다 먼저 실현 가능한 소원을 식별하고 거기에 초점을 맞추는 것이 필요하다. 무작정 우물 파기를 시작할 것이 아니라, 실제로 도달할 수 있는 수맥부터 먼저 찾아야 하는 것과 같다.

소원을 성취하고자 할 때에는 명상의 에너지보다 더 강력한 현실적 조건이 존재함을 염두에 둘 필요가 있다. 어떤 이가 내 유튜브 채널이 구독자 10만 명에 도달하여 실버 버튼을 받는 것을 보고, 언제쯤 구독자 100만 명에 도달하여 골드 버튼을 받을 것 같으냐고 내게 물었던 적이 있다. 그때 나는 "구독자 100만 명이 되기 전에 유튜브가 망할걸요?"라고 대답했다. 내 유튜브 채널의 구독자가 100만 명에 도달할 때쯤이라면, 한때 회원 수가 2,000만 명에 이르렀던 싸이월드가 사라진 것처럼 유튜브 역시 다른 것으로 대체되어 사라질 것이라는 의미였다. 종교 유튜브는 성장 속도가 느리기 때문이다. 내가 아무리 골드 버튼 받기를 염원한들, 세월이 변해 유튜브 자체가 쇠퇴해 버린다면 그 염원이 어떻게 이루어질 수 있겠는가? 중국의 황하는 산서성의 황토 고원을 통과하여 흐른다. 아무리 황하의 물이 맑아지기를 염원한들, 황하의 물길이 바뀌기 전에는 어떻게 맑아질 수 있겠는가(百年河淸)? 풍수지리설에 따라 명당으로 손꼽히는 땅이라 한들, 그 명당의 땅값이 서울 도심 상업지구의 땅값을 넘어설 수 있겠는가? 이래서 우리 속담에 "누울 자리를 보고 다리를 뻗어라."라고 한 것은 아닐는지!

명상하는 사람은 우주를
내 안의 일로 판단하는
인식론적 관점과 일체를
우주의 눈으로 보는 거시적인
안목을 통해 언제나 여유롭고
너그러운 자세를 유지한다.
땅 짚고 헤엄치는 사람처럼,
명상하는 사람은 그 어떤
상황에서도 감정적으로
침몰하지 않게 해 줄
구명조끼를 입고 있는 것이다.

읽기만 해도
인생의 고수가 되는
명상의 꿀팁

성공을 쟁취하는
파워 실전 명상

ⓒ 자현, 2022
2022년 10월 1일 초판 1쇄 발행
2023년   1월 27일 초판 6쇄 발행

지은이 자현
발행인 박상근(至弘) · 편집인 류지호 · 상무이사 김상기 · 편집이사 양동민
책임편집 권순범 · 편집 김재호, 양민호, 김소영, 최호승, 하다해 · 그림 추추비니
디자인 쿠담디자인 · 제작 김명환 · 마케팅 김대현, 이선호 · 관리 윤정안
콘텐츠국 유권준, 정승채
펴낸 곳 불광출판사 (03169) 서울시 종로구 사직로10길 17 인왕빌딩 301호
          대표전화 02) 420-3200 편집부 02) 420-3300 팩시밀리 02) 420-3400
          출판등록 제300-2009-130호(1979. 10. 10.)

ISBN 979-11-92476-45-2 (03190)

값 19,000원